W0040990

BASTEI
LÜBBE
TASCHENBUCH

Über die Autoren:

Kurt-J. Heering, Gründer der Agentur Cologne Media Network, arbeitete als Journalist und Buchautor. Er veröffentlichte – auch unter Pseudonym – zahlreiche Bücher und Anthologien. Im November 2013 verstarb er.

Emma P. kehrte nach ihrer Laufbahn als klassische Tänzerin als Kabarettistin auf die Bühne zurück. In ihren Soloprogrammen setzt sie sich auf ihre ganz spezielle Weise mit den Problemen zwischen Mann und Frau auseinander. Seit 2013 produziert sie ihre eigene Talkshow »One Night Stand mit Emma P.«. Mehr über die Autorin: www.emma-p.de.

Kurt-J. Heering/Emma P.

So sind Frauen

Fiese Sprüche über das schöne Geschlecht

BASTEI
LÜBBE
TASCHENBUCH

BASTEI LÜBBE TASCHENBUCH
Band 60800

1. Auflage: September 2014

Dieser Titel ist auch als E-Book erschienen.

Originalausgabe

Sie finden uns im Internet unter
www.luebbe.de
Bitte beachten Sie auch: www.lesejury.de

Inhaltsverzeichnis

I. Frauen sind da, um geliebt, nicht um verstanden zu werden

Die Frau als das ewige Rätsel

Es ist absolut sinnlos, die Frauen verstehen
zu wollen, wo doch ihr größter Reiz
in der Unergründlichkeit liegt:
Frauen sind schön und unergründlich

Die Frauen sind Sphinxe ohne Rätsel.
Oscar Wilde

Es ist nichts Geheimnisvolles an den Frauen. Die Männer
haben sie zu dem Glauben gebracht, es sei an ihnen etwas
Geheimnisvolles, einmal aus Galanterie, zum andern, um
sie zu ködern, weil der Mann nun einmal die Frau begehrt.
Henry de Montherlant

Die große Frage, die ich trotz meines dreißigjährigen Stu-
diums der weiblichen Seele nicht zu beantworten vermag,
lautet: Was will eine Frau eigentlich?
Sigmund Freud

Manche Männer bemühen sich lebenslang, das Wesen einer Frau zu verstehen. Andere befassen sich mit weniger
schwierigen Dingen, z. B. der Relativitätstheorie.
Albert Einstein

Je mehr du die Weiber durchschautest, desto weniger, Freund, wirst du verstehen – das Weib.

Otto Erich Hartleben

Bilde dir nur nicht ein, den wahren Charakter eines Weibes kennenzulernen, solange es dich liebt!

Robert Hamerling

Warum ist uns das Weib so nötig wie rätselhaft? Weil es der falsche Schlüssel ist zu einem Tor und es dennoch öffnet.

Albert Paris Gütersloh

Die einzigen Männer, die eine Frau zu durchschauen vermögen, sind die Röntgenologen.

Sacha Guitry

Eine Frau zu studieren ist meist reizvoller, als sie zu kennen.

Graham Greene

Ich hatte schon immer ein bisschen Angst vor Frauen. Sie sind mir rätselhaft. Und Gott bewahre uns davor, dieses Rätsel jemals zu lösen.

Rainhard Fendrich

Überhaupt ist das Symbol der Frauen das der Apokalypse, und auf ihrer Stirn steht geschrieben: Mysterium.

Denis Diderot

Sobald man sich in einer Frau auszukennen glaubt, fängt man an, sich zu verirren.

Maurice Chevalier

Je älter man wird, desto durchsichtiger werden die Männer und desto undurchsichtiger werden die Frauen.

François Mauriac

Wenn du wissen willst, wie die Männer sind, musst du eine Frau sein; willst du wissen, wie die Frauen sind, so frage den lieben Gott.

Jakob Lorenz

Wie vertraut ein Mann mit Frauen sei, es bleibt viel Fremdes doch dabei.

Freidank

Wer kann die Weiber begreifen und verstehn! Sie kennen sich selber nicht, das Widersprechendste zu vereinigen wird ihnen leicht, was jedem Manne vielen Kampf kosten würde, ist ihnen ein Spiel.

Ludwig Tieck

Im besten Falle bleibt das Weib ein Widerspruch.
Alexander Pope

Das weibliche Geschlecht besitzt in viel höherem Grad als
wir die Gabe, seine wahren Gesinnungen und Empfindungen zu verbergen. Selbst Frauen von weniger feinen Ver-
standeskräften haben bisweilen eine besondere Fertigkeit
in der Kunst, sich zu verstellen.
Adolph von Knigge

Der weibliche Charakter wird so oft nicht verstanden,
eben weil es die schöne Natur des Weibes ist, seine Seele
zu verhüllen wie seine Reize.
August Wilhelm von Schlegel

Ein schönes Antlitz ist oft mit einem Empfehlungsbrief
verglichen worden. Es ist auch einer, aber ein versiegelter.
Man muss erst den Umschlag entfernen und dann zu lesen
verstehen.
Otto von Leixner

Zwischen einzelnen Frauen sind feinere Unterschiede als
zwischen einzelnen Männern. Es gibt keine zwei Frauen
von gleichem Charakter, während man Männer scharen-
weise über einen Leisten schlagen kann.
Charles Joseph von Ligne

Ein Mann kann sich nie in die Seele einer Frau hineindenken.

John Steinbeck

Wenn ich mit einem Fuß im Grabe stehe, werde ich die Wahrheit über die Frauen sagen. Ich werde sie sagen, in meinen Sarg springen, den Deckel über mich ziehen und rufen: »Jetzt macht, was ihr wollt!«

Leo Tolstoi

Frauen sind wie Kreuzworträtsel: Senkrecht und waagrecht zusammen ergeben erst die Lösung.

Henry Miller

Wenn man die Frauen verstehen könnte, ginge viel von ihrem Zauber verloren.

Sacha Guitry

Die Frauen sind ein liebliches Geheimnis. Nur verhüllt, nicht verschlossen.

Novalis

Man muss die Frauen lieben, aber nicht auf ihre Geheimnisse neugierig sein.

Giacomo Casanova

Eine Frau ohne Geheimnisse ist wie eine Blume ohne Duft.
Maurice Chevalier

Die geheimsten Wünsche einer Frau muss man ihr von den geschlossenen Augen ablesen.
Jean-Paul Belmondo

Das Weib ist ein Rätsel: So sagt man! Was für ein Rätsel wären wir erst für das Weib, wenn es vernünftig genug wäre, über uns nachzudenken?
Arthur Schnitzler

Den Inhalt einer Frau erfasst man bald. Aber bis man zur Oberfläche vordringt!
Karl Kraus

Lange Erfahrung hat mich gelehrt, dass Grabinschriften immer noch ein bisschen glaubwürdiger sind als Frauen.
Lord Byron

Die Seele der Frau ist unergründlich und unerforschlich. Vor allem jedoch unerfindlich.
Paul Heyse

Jede Frau ist leicht zu entschlüsseln, wenn man ihren Code kennt.

Jean-Paul Belmondo

Frauen sind wie Chamäleons der Liebe. Wir Männer sind nur die Farbe, der sie sich jeweils anpassen.

Maurice Chevalier

Die Frau ist die Rätselecke in Gottes großer Weltzeitung.

Marcel Achard

Drei Arten von Männern versagen im Verstehen der Frauen: junge Männer, Männer mittleren Alters und alte Männer.

Irisches Sprichwort

Heute sind die meisten Frauen keine Rätsel mehr, nur noch Auflösungen.

Oskar Kokoschka

Auswendig hast du sie gekannt wie einen schönen Spruch. Und plötzlich bist du wie gebannt: Es steht noch mehr in dem Buch. Schlimm oder heiter – lies leise weiter!

Gerhard Schumann

Ein kluger Mann sagt zu einer Frau, er verstehe sie, und versucht dann nichts, um es ihr zu beweisen.

Honoré de Balzac

Die Frauen sind so unberechenbar, dass man sich nicht einmal auf das Gegenteil dessen verlassen kann, was sie sagen.

Peter Ustinov

Wir lieben die Frauen umso mehr, je fremder sie uns sind.

Charles Baudelaire

Frauen sind da, um geliebt, nicht um verstanden zu werden.

Oscar Wilde

Es ist absolut sinnlos, die Frauen verstehen zu wollen, wo doch ihr größter Reiz in der Unergründlichkeit liegt.

Alfred Hitchcock

Die beste Frau ist die, die am wenigsten spricht: Frauen können alles, nur nicht schweigen

Indiskretion ist etwas, auf das man sich nur bei den wenigsten Frauen nicht verlassen kann.

Oscar Wilde

Ein Weib ist ein Komma, ein Mann ein Punkt. Hier weißt du, woran du bist; dort lies weiter!

Theodor Gottlieb von Hippel

Wärst du ein wenig minder Frau von Ehre und rissest mir dafür die Ohren nicht mit deinen ew'gen Zänkereien ab!

Heinrich von Kleist

Man mache sich also nicht unnötig Gedanken über den Klatsch der Frauengruppen. Sollen sie lästern, so viel sie wollen, solange sie es untereinander tun.

Jean-Jacques Rousseau

Das Schweigen einer Frau ist schwierig zu deuten. Kenner wissen, dass eine Frau auf sehr verschiedene Weise schweigen kann.

Alec Guinness

Diskussion ist für Männer die Kunst, den Partner zum Schweigen zu bringen. Frauen verstehen darunter die Kunst, den Partner nicht zum Reden kommen zu lassen.
Fritz Eckhardt

Die ideale Frau stelle ich mir vor wie einen Fernsehapparat: Über das Bild kann man sich freuen, aber den Ton müsste man abstellen können.
Hans Schumacher

Wer einer Frau ins Wort fällt, hat keine Chance, ihr in die Arme zu sinken.
Günther Schramm

Von einer Frau kann man alles erfahren, wenn man keine Fragen stellt.
William Somerset Maugham

Der Weiber Zungen können schlau verführen.
William Shakespeare

Glücklich leben die Zikaden; denn sie haben stumme Weiber.
Xenarchos

Ich habe seit Jahren nicht mit meiner Frau gesprochen. Ich wollte sie nicht unterbrechen.

Rodney Dangerfield

Wenn eine Frau nicht mit dir redet, hat sie dir etwas zu sagen.

Harald Dzubilla

Wenn eine Frau nicht spricht, soll man sie um Himmels willen nicht unterbrechen.

Enriyeu Castaldo

Frauen müssen das letzte Wort behalten – aber leider nicht für sich.

Hans-Joachim Kulenkampff

Jeder Mann kann einer Frau gegenüber das letzte Wort haben, vorausgesetzt, er sagt ja.

Ernst Stankovski

Frauen haben auf dieser Welt schon auf alle denkbaren Weisen gelitten, nur auf einer noch nicht: schweigend.

Oliver Kalkofe

Das Leben ohne Frauen wäre fad und leer. Doch warum hat Gott ihnen die Sprache geschenkt? Wären sie stumm, könnte man sie viel mehr lieben.
Gerard Depardieu

Das Weib soll sich nicht im Reden üben. Denn das wäre arg.
Demokrit

Die Männer würden den Frauen gerne das letzte Wort lassen, wenn sie sicher sein könnten, dass es wirklich das letzte ist.
Peter Ustinov

Die beste Frau ist die, die am wenigsten spricht.
Perikles

Nichts reizt Frauen so sehr wie kein Widerspruch: Die Frau als widersprüchliches und sprunghaftes Wesen

Wer Weib sagt, sage zuerst Wandelbarkeit.
Pedro Calderón de la Barca

Die Mode ist weiblichen Geschlechts, hat folglich ihre Launen.
Karl Julius Weber

Es ist schwierig, den Frauen recht zu geben, denn mittlerweile haben sie ihre Meinung vielleicht schon geändert.
Marcello Mastroianni

Die Verwandte der weiblichen Rede ist die Konfusion.
Miguel de Cervantes Saavedra

Ich will gar nicht sagen, die Weiber hätten gar keinen Charakter. Beileibe nicht! Sie haben vielmehr jeden Tag einen anderen.
Heinrich Heine

Es ist nicht nötig, den Frauen zu widersprechen, das erledigen sie selbst.
Marcel Aymé

Einer Frau ein Geheimnis anzuvertrauen und sie gleichzeitig zum Schweigen zu verpflichten ist genau so, als gäbe man ihr drei Löffel Rizinus und sperrte danach die Toilette zu.
Claude Chabrol

Ein Weib möchte immer alles gern selber verrichten, aber zugleich immer einen haben, dem es die Verantwortung dafür in die Schuhe schieben könnte.
Wilhelm Raabe

Die meisten Frauen gehen vor wie die Flöhe – sprunghaft und in willkürlichen Sätzen.
Honoré de Balzac

Wenn eine blonde Frau am Sakko ihres Mannes ein schwarzes Frauenhaar findet, sollte sie prüfen, ob es nicht ihr eigenes von vorgestern ist.
Danny Kaye

Die Meinung der Frau ist meist sauberer als die des Mannes – sie wechselt sie auch öfter.
Carlo Manzoni

Beim Mann ist das Wesentliche das Wesentliche und insofern immer dasselbe; beim Weib ist das Zufällige das Wesentliche und so eine unerschöpfliche Mannigfaltigkeit.
Sören Kierkegaard

Nichts reizt Frauen so sehr wie kein Widerspruch.
Jean-Paul Belmondo

Kosmetik ist die Lehre vom Kosmos des Weibes:
Die Frau lebt durch den Blick des Mannes und den Spiegel

Ein großer Geist fühlt sich im Dunkeln wohl, das Weib ist dazu da, gesehn zu werden.

Frank Wedekind

Es ist doch immer dasselbe. Frauen brüsten sich mit Pelzen und Juwelen und Männer mit weisen Aussprüchen und Zitaten.

Maurice Chevalier

Niemand, ob tot oder lebendig, in Meditation oder Hypnose, ist so tief in sich versunken wie eine Frau, die sich das Gesicht eincremt.

Ephraim Kishon

Selbst die sanftesten, bescheidensten und besten Mädchen sind immer sanfter, bescheidener und besser, wenn sie sich vor dem Spiegel schöner gefunden haben.

Georg Christoph Lichtenberg

Eine Frau, die durch ihre Schönheit zu herrschen gedenkt, soll sich auf ein kurzes Regime gefasst machen.

Viktor de Kowa

Keine Frau ist so attraktiv, dass sie nicht durch Kerzenlicht und Abendkleid noch gewinnen würde.

William Somerset Maugham

Die Haare, die Zehen- und die Fingernägel sind die einzigen Stellen, an denen Frauen noch rot werden.

Karl Schönböck

Es gibt wenig Frauen, deren Wert ihre Schönheit überdauert.

François de La Rochefoucauld

Das Vergnügen, ihre Schönheit zu zeigen, ist besonders den Frauen angeboren, deren Gestalt schöner ist als ihr Gesicht.

Joseph Joubert

Warum wollen die Frauen denn unbedingt so sein wie Männer und tragen dann trotzdem Schmuck und hohe Absätze?

Hans-Joachim Kulenkampff

Die Frau braucht in Freud' und Leid, außen und innen, in jeder Lage den Spiegel.

Karl Kraus

Sagt man zu einer unauffälligen Frau, sie sei schön, wird sie zwar nicht schön, aber bezaubernd.
André Malraux

Der Frau ist das Kleid das dritte Seelenorgan (denn der Leib ist das zweite, und das Gehirn das erste); und jedes Überkleid ist ein Organ mehr.
Jean Paul

Ist eine Frau im Zimmer, ehe jemand eintritt, der sie sieht? Gibt es das Weib an sich?
Karl Kraus

Männer werden ohne Frauen dumm, und Frauen welken ohne Männer.
Anton Tschechow

Ich finde, dass es letzten Endes nur zwei Arten von Frauen gibt, die geschminkten und die ungeschminkten.
Oscar Wilde

Ich habe auch bemerkt, dass der prunkvollste Putz meistens hässliche Frauen ankündigt.
Jean-Jacques Rousseau

Puppen sind das Kriegsspielzeug der Mädchen.
Wolfram Weidner

Jedes Mädchen ist eine frisierte Herausforderung.
Günther Weisenborn

Keine Frau lässt sich gern vom Mittelpunkt der Bühne verdrängen.
John Steinbeck

Wenn eine Frau mehr innere Werte hat als äußere, dann sollte man sie wenden lassen.
Max Pallenberg

Immer hat mir diejenige Frau am besten gefallen, die durch Kleidung beweist, dass sie sich selbst versteht.
Felix Salten

Eine Frau fragt (in Liebessachen) selten um Rat, bevor sie ihre Hochzeitskleider gekauft hat.
Joseph Addison

Frauen laufen im Sport langsamer als Männer, weil sie länger auf dem Bildschirm bleiben wollen.
Alberto Sordi

In der Kirche sind meistens mehr Frauen als Männer, weil Männer sich nicht für die Kleider anderer Männer interessieren.

Alberto Sordi

Schönheit sollte besteuert werden, und jede schöne Frau sollte ihre Steuer selbst festsetzen. Eine solche Steuer würde gerne gezahlt und hätte die besten Wirkungen.

Jonathan Swift

Frauen unterwerfen sich willig der Mode, denn sie wissen, dass die Verpackung wechseln muss, wenn der Inhalt interessant bleiben soll.

Noël Coward

Frauenzimmer sind einander viel ähnlicher als Männer. Sie haben in Wahrheit nur zwei Leidenschaften: Eitelkeit und Liebe.

Philip Dormer Stanhope Earl of Chesterfield

Eine Frau ist gezwungen, so zu gefallen, als ob sie ihr eigenes Werk sei.

Charles-Louis de Montesquieu

Aus dem Bewusstsein, gut angezogen zu sein, empfängt eine Frau mehr innere Ruhe als aus religiösen Überzeugungen.

Ralph Waldo Emerson

Die Frömmelei des einen Teils der vornehmen Weiber fließt aus derselben Quelle wie die Koketterie des andern Teils: Müßiggang und Langeweile. Sie vertrödeln den Tag an der geistlichen Toilette wie die andern an der leiblichen. Der Beichtvater ist ihre Marchande de modes, die Beichte ihr Ankleidspiegel, Kirchgänge sind ihre Rendezvous, Hass und Verfolgung Andersdenkender ihre Eifersüchteleien und dépits amoureux.

Franz Grillparzer

Überlassen wir die schönen Frauen den phantasielosen Männern.

Marcel Proust

Frauenzimmer sind wie ein heller Spiegel, der auch von dem geringsten Hauche anläuft.

Theodor Gottlieb von Hippel

Kosmetik ist die Kunst, aus der Not eine Jugend zu machen.

Hans-Hermann Kesten

Kosmetik ist die Lehre vom Kosmos des Weibes.
Karl Kraus

Solange der Nagellack nicht trocken ist, ist eine Frau wehrlos: Eitelkeit als Schwäche oder Waffe der Frauen

Eine Frau ist wie ein Buch, das immer, mag es gut oder schlecht sein, zunächst durch das Titelblatt gefallen muss.
Giacomo Casanova

Der Mann achtet sorgfältig auf seine Grundsätze, die Frau sorgfältig auf ihre Absätze.
Ralph Boller

Die Wimpern sind nicht das Einzige, was eine Frau vertuscht.
Franz Antel

Zu stark geschminkt und zu wenig bekleidet ist bei den Frauen immer ein Zeichen der Verzweiflung.
Oscar Wilde

Mit eben der Leichtigkeit, mit der sie die Wangen schminken, schminken sie auch ihre Seele.
August von Kotzebue

Jede Frau hält ihren Namen, feurig ausgesprochen, für die schönste, geistreichste Red'.
Johann Nepomuk Nestroy

Eine herrschsüchtige und hässliche Frau, die gefallen will, gleicht dem Bettler, der befehlen wollte, dass man ihm Almosen gibt.
Nicolas de Chamfort

Welche Frau gäbe nicht gerne zu, dass ihr Mann bei der Partnerwahl einen besseren Geschmack hatte als sie selbst?
Viktor de Kowa

Die schöne Frau hält sich für hässlich, wenn sie nicht begehrt wird, die hässliche für schön, wenn sie begehrt wird.
Sigmund Graff

Frauen, die mit ihrer Schönheit zufrieden sind, überlassen sich dem Vergnügen mit mehr Hingabe als andere.
Joseph Joubert

Auch wenn sie die Allerhässlichste ist: Keiner Frau gefällt ihr Äußeres nicht.

Ovid

Eine Frau ist der widersinnigste Guss aus Eigensinn und Aufopferung, der nur vorkommen kann. Sie lässt sich für ihren Mann wohl den Kopf abschneiden, aber nicht die Haare.

Jean Paul

Frauen schminken sich aus demselben Grunde, aus dem man Panzerwagen mit einer Tarnfarbe bemalt.

Willy Reichert

Am schönsten sind die Frauen so, wie Gott sie erschaffen hat – die Schneider können sie nur verderben.

Paul Gauguin

Make-up und Parfüm sind die chemische Kriegsführung der Frau zur Eroberung des Mannes.

Peter Sellers

Nicht größre Schmähung einer Frau man spend't, / Als wenn man sie alt oder hässlich nennt.

Ludovico Ariosto

Staatsmänner und schöne Frauen haben kein Gefühl für ihren allmählichen Verfall.

Philip Dormer Stanhope Earl of Chesterfield

Wenn eine Frau sich die Lippen nachzieht, so ist das, wie wenn ein Soldat sein Maschinengewehr putzt.

Bob Hope

Frauen tun für ihr Äußeres Dinge, für die jeder Gebrauchtwagenhändler ins Gefängnis kommt.

Nick Nolte

Wenn Frauen vom Stoffwechsel reden, meinen sie damit ein neues Kleid.

Peter Ustinov

Ein zu enges Kleid beweist, dass eine Frau eine Frau ist. Es beweist aber auch, dass sie keine Dame ist.

Alec Guinness

Für die dummen Frauen hat man die Galanterie; aber was tut man mit den Klugen? Da ist man ratlos.

Heinrich Mann

Keine Schmeichelei ist für die Frauen zu hoch oder zu niedrig. Sie werden die höchste begierig verschlucken und dankbar die niedrigste annehmen. Du kannst ganz sicher einer jeden von ihrem Verstande an bis herunter auf den auserlesenen Geschmack ihres Fächers schmeicheln. Unstreitig Schönen oder unstreitig Hässlichen schmeichelt man am besten wegen ihres Verstandes. Den Durchschnittlichen schmeichelt man mit größtem Erfolg wegen ihrer Schönheit oder wenigstens wegen ihrer Anmut; denn jede, die nicht schlechterdings hässlich ist, hält sich für schön. Da sie es aber selten zu hören bekommt, so ist sie umso dankbarer gegen diejenigen, die ihr es sagen.

Philip Dormer Stanhope Earl of Chesterfield

Gefälligkeiten, nicht so groß, dass sie Aufsehen erregen; Schwermut ohne Langeweile; Bescheidenheit ohne Schüchternheit; körperliche Gewandtheit, Behändigkeit, angenehme Talente – das ist es, was den Weibern an uns gefällt.

Adolph von Knigge

Die Rückkehr ins Paradies wäre zugleich das Ende der Kleidermode – für Frauen ein ernstzunehmendes Dilemma.

Maurice Chevalier

Eitelkeit oder Liebe heilen die Frauen von der Trägheit.

Jean de la Bruyère

Die Eitelkeit der Frauen verlangt, dass ein Mann mehr sei als ein glücklicher Gatte.

Friedrich Nietzsche

In Frankreich ist ein junger Mann für die meisten Frauen so lange ohne Wert, bis sie einen Gecken aus ihm gemacht haben. Erst dann vermag er ihrer Eitelkeit zu schmeicheln.

Stendhal

Die Frauen sind eitel von Hause aus; doch es kleidet sie, und sie gefallen uns desto mehr.

Johann Wolfgang von Goethe

Frauen werden durch Komplimente niemals entwaffnet. Männer stets.

Oscar Wilde

Solange der Nagellack nicht trocken ist, ist eine Frau wehrlos.

Burt Reynolds

Frauen sind der Kontrapunkt des Lebens:
der Punkt, der immer Kontra gibt:
Die unverstandene Logik der Frau

Oft bilden Frauen sich ein, Initiative ergriffen zu haben, wenn sie das Gegenteil von dem tun, was der Mann von ihnen verlangt.

Jean Gabin

Frauen sind die gewissenhaftesten Schuldner: Wenn sie einem Mann etwas heimzahlen, dann mit Zinsen und Zinseszinsen.

Peter Frankenfeld

Frauen können sehr scharfsinnig werden, wenn sie unrecht haben.

Arthur Rubinstein

Kein kluger Mann widerspricht seiner Frau. Er wartet, bis sie es selbst tut.

Humphrey Bogart

Das Schmollen ist eigentlich das Aufprotzen der weiblichen Artillerie; wer bereits öfter beschossen wurde, fühlt sich schon versucht, bei der bloßen Veranstaltung die weiße Fahne auszustrecken.

Karl Christian von Bentzel-Sternau

Mir wäre es fast lieber, meine Frau versuchte, mich in einem wütenden Moment einmal im Jahre zu erdolchen, anstatt mich jeden Abend übellaunig zu empfangen.

Stendhal

Plötzliche Sanftmut von Frauen ist oft nur eine ungewöhnliche Geduld beim Planen einer wirklich lohnenden Rache.

Ambrose Bierce

Einer Frau ihren Herzenswunsch ausreden zu wollen gleicht dem Versuch, den Niagara-Fall mit bloßen Händen zu stoppen.

Bob Hope

Frauen sind der Kontrapunkt des Lebens: der Punkt, der immer Kontra gibt.

Bob Hope

Die besten zehn Jahre der Frau liegen zwischen neunundzwanzig und dreißig:
Frauen altern besser als Männer

Ein Diplomat ist ein Mann, der sich den Geburtstag einer Dame merkt und ihr Alter vergisst.
Robert Lee Frost

Für jede Frau kommt einmal der Zeitpunkt, an dem sie beschließt, keinen Tag älter zu werden.
Curt Goetz

Frauen geben immer ihr richtiges Alter an – nur ein paar Jahre später.
Markus M. Ronner

Fünfunddreißig Jahre ist ein reizvolles Alter. Es gibt Damen allerhöchster Geburt, die aus freier Wahl jahrelang fünfunddreißig bleiben, nachdem sie vierzig geworden sind.
Oscar Wilde

Für mich sind Frauen um die fünfunddreißig sexy. Sie haben ihre Erfahrungen, und das macht sie verführerisch.
Pierce Brosnan

Die meisten Frauen sind nicht so jung, wie sie gemalt werden.
Max Beerbohm

Man kann einer Frau alles ausreden, wenn man ihr einredet, es mache sie alt.
Peter Sellers

Ich verstehe nicht, warum Frauen teuren Schmuck tragen. Teurer Schmuck macht doch alt.
Willy Reichert

Ich glaube an alte steirische Bauernregeln. Eine heißt: Pelz und Schmuck machen Frauen alt. Das Einzige, was ich Frauen schenke, ist meine Freizeit und, wie ich glaube, an einem aufregenden Leben teilzuhaben.
Dietrich Mateschitz

Frauen altern besser.
Max Frisch

Den seelischen Wert einer Frau erkennst du daran, wie sie zu altern versteht und wie sie sich im Alter darstellt.

Christian Morgenstern

Auf Fragen nach dem Geburtstag nennen Männer das Jahr und Frauen den Monat.

Robert Lembke

Solange eine Frau zehn Jahre jünger als ihre Tochter aussehen kann, ist sie vollkommen glücklich.

Oscar Wilde

Frauen nähern sich immer den vierzig – zuerst von der einen, dann von der anderen Seite.

Billy Wilder

Die Frauen verlangen Unmögliches: Man soll ihr Alter vergessen, aber sich immer an ihren Geburtstag erinnern.

Karl Farkas

Die Frau lebt länger als der Mann, vor allem, wenn man bedenkt, wie lange sie dreißig ist.

Ugo Tognazzi

Bis zum dreißigsten Lebensjahr zählen die Frauen normal, dann beginnt der Countdown.

Peter Sellers

Die besten zehn Jahre der Frau liegen zwischen neunundzwanzig und dreißig.

Peter Ustinov

II. Das Weib sei dem Manne untertan!
Doch sieht die Wahrheit nicht
ganz anders aus?

Zum Herrschen ward allein der Mann erkoren
Wie sich Männer die Geschlechterrollen zurechtlegten

Wie, dass das Frauenvolk so lange Haare führen? Sie sind der Zaum, womit der Mann sie kann regieren.

Friedrich Freiherr von Logau

Gehorsam ist des Weibes Pflicht auf Erden, das harte Dulden ist ihr schweres Los, durch strengen Dienst muss sie geläutert werden, die hier gedienet, ist dort oben groß.

Friedrich von Schiller

Die Frau ist niemals mündig ohne Mann.

Immanuel Kant

Es gibt niemanden, der sich einer Frau gegenüber arroganter, aggressiver oder verächtlicher verhält, als ein Mann, der um seine Männlichkeit bangt.

George Eliot

Tatsächlich hat die Natur sie zu unseren Sklavinnen erschaffen. Einzig durch unsere geistige Verschroben-
heit haben sie behaupten können, sie seien unsere
Herrscherinnen.

Henry de Montherland

Ohne Rücksicht auf die tatsächlichen Fähigkeiten des Einzelnen glaubt der Mann, dass er das Recht hat zu befehlen
und die Frau die Pflicht zu gehorchen.

John Stuart Mill

Wohl kann ein Mann neue Welten allein entdecken, doch
ohne Frau kann er nicht sesshaft werden, kann er nicht zur
Ruhe kommen. Die Frau war der erste Arbeiter, und der
Mann saß müßig. Daher gehören Heim und Herd ihr.

Herbert George Wells

Man muss dem Weib keine Rechte, nur Privilegien einräu-
men. Sie wollen diese auch lieber als jene.

Christian Friedrich Hebbel

Ein rechtes Weib schafft dir Bequemlichkeit,/ein kluges
Weib vertreibt die lange Zeit,/ein Weib von hohem Rang
und vielen Ahnen/kann uns den Weg zum Ehrentempel
bahnen./Die Vorteil, ich gestehs, sind Vorteil in der Tat,/
doch lange nicht so groß, als wenn man keines hat.

Barthold Hinrich Brockes

Die Frauen haben es auf dieser Erde viel besser als die Männer: Ihnen sind viel mehr Dinge verboten.

Oscar Wilde

Man muss einem jungen Mädchen seine Freiheit lassen; nur soll man ihr keine Gelegenheit geben, sie zu benutzen.

Sören Kierkegaard

In fast allen Ländern hat die Grausamkeit der bürgerlichen Gesetze sich mit der Grausamkeit der Natur gegen die Frauen verbündet. Sie werden behandelt wie schwachsinnige Kinder.

Denis Diderot

Der Mann macht Geschichte, das Weib ist Geschichte.

Oswald Spengler

In einer Welt, in welcher alles schwankt, bedarf es eines festen Punktes, auf den man sich stützen kann. Dieser Punkt ist der häusliche Herd; der Herd aber ist kein fester Stein, wie die Leute sagen, sondern ein Herz, und zwar das Herz einer Frau.

Jules Michelet

Hätte Gott die Frau dem Manne zur Herrin bestimmt, so hätte er sie aus Adams Kopf genommen; hätte er sie ihm zur Sklavin bestimmt, – aus den Füßen; aber er nahm sie ihm aus der Seite, weil er sie ihm zur Gefährtin als seinesgleichen bestimmte.

Augustinus

Luxustier und Haustier, das ist heute die Frau fast ausschließlich. Vom Manne ausgehalten, wenn sie nicht arbeitet, wird sie auch noch von ihm »gehalten«, wenn sie sich totschindet.

Karl Marx

Jedoch als die Gesetze den Weibern gleiche Rechte mit den Männern einräumten, hätten sie ihnen auch eine männliche Vernunft verleihen sollen.

Arthur Schopenhauer

Die Männer regieren die Welt und die Frauen ihre Männer:
Was Männer wissen, aber nicht glauben wollen

Die Frau muss gehorchen, es sei denn, der Mann unterwerfe sich ihren Befehlen, denn das Paar braucht ein Haupt.

Sully Prudhomme

Die Macht der Frau kann man unterschätzen, nie überschätzen.

Jean Paul

Ich liebe die gelehrten Frauen nicht.

Molière

Dienen lerne beizeiten das Weib nach ihrer Bestimmung; denn durch Dienen allein gelangt sie endlich zum Herrschen …

Johann Wolfgang von Goethe

Je größer der Gehorsam der Frau ist, desto sicherer ist ihre Herrschaft.

Jules Michelet

Man sehe die Geschichte, und man wird finden, dass, wenngleich die Weiber nicht regierten, alles doch durch sie regiert ward.

Theodor Gottlieb von Hippel

Wenn ich ein Frauenzimmer kennenlerne, gebe ich nur darauf acht, wo sie herrscht; denn dass sie irgendwo herrsche, setze ich voraus. Ich finde durchgängig: Die Tätige, zum Erwerben, zum Erhalten Geschaffene, ist Herr im Hause, die Schöne, leicht und oberflächlich Gebildete,

Herr in großen Zirkeln; die tiefer Gebildete beherrscht die kleinen Kreise.

Johann Wolfgang von Goethe

Frauen: Geschöpfe, die unter anderem da sind, um die Torheiten der Männer auszugleichen, auch die intellektuellen.

Otto Flake

Die Männer sind stets Rivalen, wenn es sich um eine Frau handelt, und sie unterschätzen für gewöhnlich die Anziehungskraft ihrer erfolgreichsten Gegner. Sie sehen bei anderen Männern nicht, was Frauen reizt.

John Knittel

Vom Weibe denkt gemein und urteilt streng ein jeder, der es viel missbraucht hat.

Robert Hamerling

Es ist eine erstaunliche Tatsache, dass sich Frauen stets den Männern überlegen zeigten, wenn sie auf dem Thron ihre natürlichen Gaben frei entfalten konnten.

Charles Fourier

Der Mann kommt von der Frau und kehrt zur Frau zurück, um Bestätigung und Verwirklichung seiner selbst zu finden.

Herbert George Wells

Wenn sich eine Frau ins Leben einmischt, ist das dermaßen kompliziert und schauderhaft, aber zugleich dermaßen wunderbar. Sie haben eine solche Macht über uns. Sie sind es, die die Welt führen, weil sie den Mann führen. So einfach ist das.

Alain Delon

Die Männer regieren die Welt und die Frauen ihre Männer. Was wollen sie noch mehr?

Bogumil Goltz

Ich habe die Frauen manchmal bis zum Wahnsinn geliebt: Das Begehren als Verderben des Mannes

Wenn ein Mann etwas besonders Dummes tut, geschieht es stets aus edelsten Beweggründen.

Oscar Wilde

Das Flüstern einer schönen Frau hört man weiter als den lautesten Ruf der Pflicht.

Pablo Picasso

Den Kopf in den Rachen des Löwen zu stecken, ist auch nicht gefährlicher, als ihn von einer Frau streicheln zu lassen.

D. H. Lawrence

Es gibt keine gefährlichen Frauen, aber es gibt arglose Männer.

Joseph Wood Krutch

Frauen haben es besser als Männer: Sie trinken nicht, rauchen nicht, und Weiber sind sie selber.

André Gide

Sowie sich der Mann der Frau nur nähert, verfällt er ihrem betäubenden Einfluss und verliert seinen klaren Verstand.

Leo Tolstoi

Zweierlei will der echte Mann: Gefahr und Spiel. Deshalb will er das Weib, als das gefährlichste Spielzeug.

Friedrich Nietzsche

Nur zweierlei vermag einem Mann das Herz zu brechen: ein Traum – und eine Frau.

Charles Dickens

Männer, die zur Schmetterlingsjagd tendieren, haben meist schlechte Erfahrungen mit Frauen hinter sich.

D. H. Lawrence

Eines Mannes schwache Seite erkennt man unfehlbar an seiner sogenannten besseren Hälfte.

James Joyce

Weiber wissen sich immer zu helfen.

Voltaire

Wenn Männer in Feuer geraten, löschen Frauen am liebsten mit Benzin.

Alberto Sordo

Das Bett ist ein Schlachtfeld, aus dem sich jeden Morgen zwei erheben: eine Siegerin und ein Besiegter.

Rock Hudson

Es fängt immer damit an, dass man einem Mädchen den Hof macht, und es endet meistens damit, dass man einer Frau den Hof kehrt.

Willy Reichert

Weiber sind im Unglück größer als Männer vermöge der weiblichen Kardinaltugend Geduld.

Karl Julius Weber

Nichts kommt einem Mann so teuer zu stehen wie die Opfer, die eine Frau für ihn bringt.

Jules Romains

Ein Mann ist jung, wenn eine Frau ihn glücklich oder unglücklich machen kann. Er kommt in die besten Jahre, wenn eine Frau ihn zwar glücklich, aber nicht mehr unglücklich machen kann. Er ist alt und verbraucht, wenn eine Frau ihn weder glücklich noch unglücklich machen kann.

Moritz Rosenthal

Sobald eine Frau aus einem Mann einen Esel gemacht hat, redet sie ihm ein, er sei ein Löwe.

Honoré de Balzac

Wenn Männer von ihren Feinden sprechen, fällt ihnen oft nur die eigene Frau ein.

Wolfgang Ebert

Man tut das meiste im Leben, auch wenn man andere Gründe vorschützt, der Frauen wegen.

Hermann Hesse

Evenäpfel locken noch manchen Adam unters Joch, wo er nichts von Paradeis, nur von lauter Hölle weiß.

Friedrich Freiherr von Logau

Eine Art Depression überfällt den männlichen Geist, der sich zu intensiv mit dem weiblichen Geschlecht befasst hat.

James Stephens

Wenn ein Frauenkenner sich verliebt, so gleicht er dem Arzt, der sich am Krankenbett infiziert. Berufsrisiko.

Karl Kraus

Man lernt eine Frau erst kennen, lange nachdem man sie kennengelernt hat.

Bob Hope

Jeder Mann tauscht eine Frau, die Kopfschmerzen hat, sehr gern gegen eine andere, die welche verursacht.
Jerry Lewis

Wenn eine Frau etwas im Schilde führt, wird auch der schlaueste Mann zuletzt von ihr düpiert.
Molière

Um einen Mann glücklich zu machen, füge seinem Besitz nichts hinzu, sondern streiche von seinen Gelüsten etwas ab.
Seneca

Haben hässliche Frauen jemals Unheil gebracht? Sich selbst vielleicht; anderen kaum.
John Knittel

Großen Herren und schönen Frauen soll man gern dienen und wenig trauen.
Georg Rollenhagen

Mann: die beliebteste von allen Erfindungen, die der Frau die Arbeit erleichtern oder ersparen soll.
Oscar Wilde

Ich habe die Frauen manchmal bis zum Wahnsinn geliebt.
Giacomo Casanova

Das Ewig-Weibliche zieht uns hinan:
Die zweifelhafte Vergötterung der Frau

Männer können idealisiert werden, Frauen nur ange-
betet.
Oscar Wilde

Weiber sind die ersten Erzieherinnen des menschlichen
Geschlechtes.
Theodor Gottlieb von Hippel

Eine sich entkleidende Frau ist wie eine zwischen den
Wolken hervorkommende Sonne.
Auguste Rodin

Ich liebe den Umgang mit Frauen. Ich liebe ihre Schönheit,
Zartheit, Lebhaftigkeit und ihr Schweigen.
Samuel Johnson

Nur der verdient die Gunst der Frauen, der kräftigst sie zu schützen weiß.

Johann Wolfgang von Goethe

Ich bin der unvorgreiflichen Meinung, dass kein Mädchen völlig hässlich ist.

Theodor Gottlieb von Hippel

Wollten die Frauen doch nur die ganze Schönheit der Jungfräulichkeit begreifen, erkennen, in welchem Maße sie die besten Gefühle im Menschen weckt, sie würden sie sich häufiger bewahren.

Leo Tolstoi

Die Weiblichkeit soll wie die Männlichkeit zur höhern Menschlichkeit gereinigt werden.

Friedrich von Schlegel

Das Ewig-Weibliche zieht uns hinan.

Johann Wolfgang von Goethe

III. Die Frau ist ein menschliches Wesen, das sich anzieht, schwatzt und sich auszieht

Vom Wesen der Frau und von ihren Eigenarten

Die Frau ist der annehmbarste Naturfehler
Von der Unvollkommenheit
der Schöpfung

Nichts ist unergründlicher als die Oberflächlichkeit des Weibes.

Karl Kraus

Die besten Frauenkenner sind die Meteorologen: Sie geben den Wirbelstürmen Frauennamen.

Peter Ustinov

Frauen sind wie Zeitungen. Sie fallen einem oft auf die Nerven, aber man kann sie auf die Dauer nicht entbehren.

Curd Jürgens

Ich kann mir denken, dass einem mit vier Frauen die körperliche und geistige Vollkommenheit des weiblichen Geschlechts beschieden wäre: mit der Seele der ersten, dem Geist der zweiten, der Treue der dritten und der Schönheit der vierten.

Charles Joseph von Ligne

Über eine Spur von Geist in einer Frau freuen wir uns ebenso wie über ein paar Worte, die ein Papagei richtig herausbringt.

Jonathan Swift

Die Natur hat es wunderbar im Weibe gemacht – so beschränkte Kräfte und so unbeschränkte Wünsche.

Wilhelm von Humboldt

Frauen halten das für unschuldig, was sie sich erlauben.

Joseph Joubert

Frauen sind wie Pointen: Sie kommen häufig zu spät.

Robert Lembke

Ein Mann tut hin und wieder etwas, das andere überrascht. Eine Frau tut meistens das, was auch sie selbst verblüfft.

Julien Duvivier

Frauen ähneln Kindern: Sie brauchen dann die meiste Liebe, wenn sie sie am wenigsten verdienen.

Warwick Deeping

Leichtsinn und Geduld, zwei weibliche Haupteigen-
schaften.
Christian Morgenstern

Wenn Ameisen und Frauen in Eile sind, droht immer ein
Erdbeben.
Konfuzius

Die Frau ist der annehmbarste Naturfehler.
John Milton

Die Weiber sind doch etwas Prächtiges:
**Was Männer an Frauen
schätzen**

Viel verzeiht man einem schönen Weibe.
Robert Hamerling

Frauen sind genannt vom Freuen, weil sich freuen kann
kein Mann ohn' ein Weib, das stets vom neuen Seel' und
Leib erfreuen kann.
Friedrich Rückert

Die Frauen, namentlich jene, die durch die Schule der Männer gegangen sind, wissen sehr wohl, dass die Gespräche über ideale Dinge eben nur Gespräche sind und dass der Mann nur nach dem Körper verlangt und nach alledem, was diesen anziehend und verlockend erscheinen lässt. Und danach richten sie sich auch.
Leo Tolstoi

Man muss zugeben, dass Gott die Frauen nur erschaffen hat, um die Männer milde und zugänglich zu stimmen.
Voltaire

Kluge Sanftmut ist des Weibes unwiderstehlichste Waffe.
August von Kotzebue

Im richtigen und tiefen Seelengefühl des Wahren übertreffen die Frauen, welche unverdorben und zum Guten und Schönen gebildet sind, bei weitem die meisten Männer.
August Wilhelm von Schlegel

Drei Dinge sind zu einem Weibe nötig: in ihr eine zarte Seele, goldne Zung' in ihrem Munde, angenehmen Witz im Haupte.
Johann Gottfried von Herder

Schöne Frauen, die keine Religion haben, sind wie Blumen ohne Duft.

Heinrich Heine

Ein blühendes Mädchen ist das reizendste Symbol vom reinen, guten Willen.

Friedrich von Schlegel

Weiblichkeit ist die Eigenschaft, die ich an Frauen am meisten schätze.

Oscar Wilde

Die entscheidende Fähigkeit der Frauen ist, zu ahnen, welche Rolle wem gefällt, und diese Rolle dann zu spielen.

Leo Tolstoi

Die einzige Maria adelt alle Weiber romantisch; daher eine Venus nur schön, aber eine Madonna romantisch sein kann.

Jean Paul

Auch die schönste Frau ist an den Füßen zu Ende.

Giacomo Casanova

Nur hässliche Frauen sind erziehungsfähig; und bei denen hat es keinen Zweck.
Egon Friedell

Es gibt Frauen, die nicht schön sind, sondern nur so aussehen.
Karl Kraus

Geist macht Frauen alt.
Friedrich Nietzsche

Eine Frau ist wie ein Gummibaum. Ist sie älter als dreißig Jahre, taugt sie nichts mehr.
Achmed Sukarno

Ein schönes Weib ist immer schön.
Johann Wolfgang von Goethe

Die Weiber sind doch etwas Prächtiges – wenn aber etwas Besseres erfunden wird, so nehme ich Aktien drauf.
Johann Nepomuk Nestroy

Mit den Mädchen muss man schlafen,
wozu sind sie sonst da!
**Die Lust des Mannes ist die Bestimmung
der Frau: eine Wunschvorstellung**

Eine Frau ist etwas für eine Nacht. Und wenn es schön war, noch für die nächste.
Gottfried Benn

Die Beine einer Frau sind das Erste, was ich beiseite-schiebe, wenn ich ihre Schönheit beurteilen will.
Giacomo Casanova

Frauen müssen ab und zu eins auf den Hintern bekom-men. Manchen gefällt es.
Sean Connery

Es kommt nicht bloß auf das Äußere einer Frau an. Auch die Dessous sind wichtig.
Karl Kraus

Was ist eine Jungfrau? – Etwas sehr Schönes, vo-rausgesetzt, sie bleibt es nicht.
Joachim Ringelnatz

Wenn eine Frau von einem Manne sagt, sie sei mit ihm befreundet, so stehen sie noch im Vorhof oder haben das Allerheiligste schon verlassen. Ein Drittes gibt es nicht.

Carl Hagemann

Frauen gehören an den Kochtopf – und der sollte im Schlafzimmer stehen.

Woody Allen

Es gibt Dinge, die nur schön sind, indem man sie begehrt. Die Liebe hat solche Schönheiten.

Abbé Ferdinando Galiani

Viele Frauen möchten mit Männern träumen, ohne mit ihnen zu schlafen. Man mache sie auf das Unmögliche dieses Vorhabens aufmerksam.

Karl Kraus

Meistens sind nur schöne Weiber Männern nütze bei der Nacht; ihre Werke bei dem Tage sind nur Müßiggang und Pracht.

Friedrich Freiherr von Logau

Eine Frau, die eine erhabene Seele, einen unverdorbenen Geschmack, ein sanftes Gemüt und ein reiches Herz hat, eine Frau, die ein einfaches Leben führt, hat nicht die geringste Aussicht, dass man sie begehrt.
Honoré de Balzac

Wenn ein Mann eine Frau anziehend findet, fliegen alle Regeln aus dem Fenster.
Peter Ustinov

Die Frauen sind wie ein Apfelstrudelteig: Erst wenn sie ausgezogen sind, kann man sie durchschauen.
Karl Farkas

Der Erde Paradies und Hölle liegt in dem Worte Weib.
Johann Gottfried Seume

Es soll uns eine Frau so wie ein Buch vergnügen; wer aber will denn nun stets über Büchern liegen?
Johann Christian Günther

Was ist der Unterschied zwischen einer Frau und einem brennenden Licht? Ein brennendes Licht brennt für den, von dem es geputzt wird. Eine Frau hingegen wird oft von diesem geputzt und brennt für jenen.
Moritz Gottlieb Saphir

Das Problem in diesem Leben ist, dass es so viele schöne Frauen gibt – und so wenig Zeit.
John Barrymore

Wenn eine Frau, in entkleideter Stellung überrascht, aufschreit, so ist das oft nur so zu verstehen, dass sie nicht gut genug darin auszusehen fürchtete.
Otto Weininger

Ob sie tugendhaft war, weiß ich nicht – aber sie war immer hässlich, und Hässlichkeit bei einem Weibe ist schon der halbe Weg zur Tugend.
Heinrich Heine

Wenn man gleich an den Beginn einer Beziehung den Koitus setzt, gibt es keine Neurosen.
Gottfried Benn

Wohltätige Frauen sind oft solche, denen es nicht mehr gegeben ist, wohlzutun.
Karl Kraus

Mit den Mädchen muss man schlafen, wozu sind sie sonst da!
Kurt Tucholsky

Lass dich von keinem Weib mit prunkenden Hüften betören:
Der weibliche Körper und die männliche Phantasie

Männer widerstehen oft den besten Argumenten und erliegen einem Augenaufschlag.

Honoré de Balzac

Ich finde, die ideale Frau soll wie ein spannender Film sein. Je mehr Spielraum der Phantasie überlassen bleibt, desto aufregender ist er.

Alfred Hitchcock

Eine Striptease-Tänzerin ist eine Frau, die zum Ausziehen dreimal so lange braucht wie andere Frauen zum Anziehen.

Peter Sellers

Eine Frau, die sich öffentlich auszieht, gleicht einem Thriller-Regisseur, der im Vorspann die Lösung bekanntgibt.

Alfred Hitchcock

Warum machen die Weiber durch allerlei hindernde Kleidungsstücke übereinander die Körperstellen, die unsere und ihre Lust am meisten reizen, unzugänglich?

Michel de Montaigne

Die Nacktheit der Frau ist weiser als die Lehre der Philosophen.

Max Ernst

Wenn ein Mann ausschließlich vom schönen Gesicht einer Frau schwärmt, dann kommt er mir vor wie ein Winzer, der den Korken lobt, wenn er von einem edlen Tropfen schwärmt.

Alexandre Dumas der Ältere

Frauen können recht gut mit einem Manne Freundschaft schließen; aber um diese aufrechtzuerhalten – dazu muss wohl eine kleine physische Antipathie mithelfen.

Friedrich Nietzsche

Ich mag nicht in den Himmel, wenn es da keine Weiber gibt. Was soll ich mit bloßen Flügelköpfchen?

Albrecht Dürer

Sie war eine Blondine von der Art, die einen Bischof dazu bringen kann, mit einem Ball ein Loch in ein Kirchenfenster zu schießen.

Raymond Chandler

Wenn Gott nicht die Brüste geschaffen hätte, hätte ich nicht gemalt.

Auguste Renoir

Man wirft mir vor, dass ich zu viel an Frauen denke. An was soll man denn sonst denken?

Auguste Rodin

Vielleicht hat die rein physische Wirkung einer schönen Frau ihre Grenzen, während der seelische Reiz einer leidlich hübschen Frau unerschöpflich sein kann.

Honoré de Balzac

Den Frauen ist es gelungen, die Physik auf den Kopf zu stellen: Je kürzer die Höschen, desto mehr Hitze geht von ihnen aus.

Peter Sellers

Junge Mädchen von heute ziehen Hosen an, um wie Jungen auszusehen, und durchsichtige Blusen, um zu beweisen, dass sie keine sind.
Heinz Drache

Eine Frau ist nicht so jung, wie sie sich anzieht, sondern wie sie sich mit bewusstem Stolze ausziehen darf.
Carl Ludwig Schleich

Gegenüber sehr attraktiven Frauen ist meist der Mann der Schutzbedürftige.
Oscar Wilde

Eines verstehe ich nicht: Die Frauen werden immer nackter; trotzdem machen Modeschöpfer und Textilfabrikanten immer bessere Geschäfte.
Peter Sellers

Darin besteht ja die Teufelei weiblicher Reize, dass sie einen zwingen, sein eigenes Verderben herbeizusehnen.
George Bernard Shaw

Dass das Weib sinnlicher ist als der Mann, das zeigt sogleich ihre leibliche Bildung an.
Sören Kierkegaard

Ist es nicht besser, in die Hände eines Mörders zu geraten als in die Träume eines brünstigen Weibes?

Friedrich Nietzsche

Lass dich von keinem Weib mit prunkenden Hüften betören.

Hesiod

Die Natur hat das Weib unmittelbar zur Mutter bestimmt:
Als die Mutterschaft als Lebenssinn der Frau galt

Immer liebt eine Mutter die Kinder mehr als der Vater. Denn sie weiß, dass es ihre Kinder sind, für die Vaterschaft gibt es keine Gewissheit.

Euripides

Eine rechte Mutter sein, das ist ein schwer' Ding, es ist wohl die höchste Aufgabe im Menschenleben.

Jeremias Gotthelf

Die Natur bestimmt euch, Mütter zu werden; ihr sollt mit eurem Leibe die Natur preisen und den Staat bereichern.

Theodor Gottlieb von Hippel

In jeder Art der weiblichen Liebe kommt auch etwas von der mütterlichen Liebe zum Vorschein.

Friedrich Nietzsche

Selbst Vorbereitung und Erfüllung der Mutterpflicht schließt nicht den Kreis des Weibes. Ist es nicht auch um seiner selbst willen da? Stehen ihm nicht Geistes- und Körperreich offen? Soll es nicht wie der Mann, nur in der Weise anders, durch ein schönes Dasein seinen Schöpfer verherrlichen?

Adalbert Stifter

Der Mann ist für das Weib ein Mittel: Der Zweck ist immer das Kind.

Friedrich Nietzsche

IV. An Weibern ist alles Herz, sogar der Kopf
Die angeblichen Schwächen der Frau

Wenn Frauen sich küssen, muss man immer an Boxer denken, die sich die Hände reichen
Der ewig weibliche Konkurrenzkampf

Der Mann verlangt den Mann; er würde sich einen zweiten erschaffen, wenn es keinen gäbe; eine Frau könnte eine Ewigkeit leben, ohne daran zu denken, sich ihresgleichen hervorzubringen.

Johann Wolfgang von Goethe

Frauen sind noch zehnmal listiger und falscher gegeneinander als gegen Männer.

Jean Paul

Es soll Damen geben, denen zur Busenfreundin beides fehlt.

Markus M. Ronner

Wenn man eine Frau dazu bringen will, aufmerksam zuzuhören, muss man nur beginnen, über sie und ihre Vorzüge anderen Frauen gegenüber zu sprechen.

Willy Breinholst

Gerade so wirkt unter Weibern die Schönheit: Sehr schöne Mädchen finden keine Freundin, ja, keine Begleiterin.

Arthur Schopenhauer

Die weiblichen Instinkte können sich viel schneller verständigen als die männlichen Intelligenzen. […] das Auftreten einer schönen Frau genügt, um eine ganze Versammlung hübscher Frauen in eine gewisse Missstimmung zu tauchen, besonders wenn nur ein einziger Mann zur Stelle ist.

Victor Hugo

Wer keine ironischen Frauen mag, sollte denen aus dem Weg gehen, die freundlich über andere Frauen reden.

Robert Lembke

Es ist leichter, Europa zu einigen, als zwei zerstrittene Frauen miteinander auszusöhnen.

Ludwig XIV.

Frauen machen sich nicht schön, um Männern zu gefallen. Sie tun es, um andere Frauen zu ärgern.

Marcel Aymé

Eine Frau ohne Rivalin altert schnell.
Charles Baudelaire

Dies und jenes fehlt der Frau so lange nicht, bis sie bemerkt, dass eine ihrer Freundinnen es hat.
Otto Weiss

Zu einem Gespräch unter Frauen gehören mindestens drei: zwei, die sprechen, und eine, über die gesprochen wird.
Alphonse Karr

Wie schlecht auch ein Mann über die Frauen denken mag, es gibt keine Frau, die darin nicht noch weiterginge als er.
Nicolas de Chamfort

Eine Frau ist imstande, einen Mann nur deshalb zu lieben, weil sie ihn einer anderen nicht gönnt.
Tennessee Williams

Liebet eure Feinde, heißt bei den Weibern: Besucht eure Freundinnen und trinkt Tee.
Jean Paul

Unerträglich, dass Weiber für Weiberschwächen solche Luchsaugen haben!
Friedrich von Schiller

In einem Punkt sind sich Männer und Frauen meist einig – beide misstrauen den Frauen.
Jean Genet

Man sagt fast jeder Frau etwas Hübsches, wenn man eine andere Frau kritisiert.
Sigmund Graff

Die Frau ist mit wenigem zufrieden. Vorausgesetzt, dass die anderen noch etwas weniger haben.
Alec Guinness

Die Frauen missfallen einander wegen derselben Vorzüge, durch die sie den Männern gefallen. Tausend Arten des Verhaltens, welche in diesen große Leidenschaften entzünden, erwecken unter jenen Abneigung und Widerwillen.
Jean de la Bruyère

Denn sich wechselseitig nur giftig anzuschwärzen ist der Frauen Lust.
Euripides

Wenn Frauen sich küssen, muss man immer an Boxer denken, die sich die Hände reichen.
Henry Louis Mencken

Wer ein echtes Weib hat, braucht keinen Harem: **Frauen wechseln ihre Meinungen öfter als Männer die Unterwäsche**

Frauen sind unberechenbar. Sie ekeln sich vor einer lebendigen Maus, aber sie haben keine Scheu, in das Fell eines toten Pelztieres zu schlüpfen.
Alberto Sordi

Ich habe viel Zeit damit verbracht, Frauen misszuverstehen.
Arthur Miller

Gefährlicher als eine Frau, die nicht weiß, was sie will, ist eine, die weiß, was sie will.
Eddie Constantine

Frauen lügen nie. Sie erfinden höchstens die Wahrheit, die sie gerade brauchen.
Yves Montand

Frauen würden ihre Fehler sofort zugeben, wenn sie welche hätten.
Robert Lembke

Wandelbarkeit ist die große Tugend der Frau. Wer ein echtes Weib hat, braucht keinen Harem.
Gilbert Keith Chesterton

Männer denken. Frauen denken, dass sie denken: **Das Wesen der Frau ist Unvernunft – denken zumindest die Männer**

Der typische Mann ist mehr »Denker« als das typische Weib; so denken denn Frauen öfter an etwas als über etwas, Männer meist umgekehrt.
Ludwig Klages

Frauen ahnen alles. Sie irren nur, wenn sie denken.
Alphonse Karr

Die Frauen tragen ihre Beweise im Herzen, die Männer im Kopfe.
August von Kotzebue

Die Logik der Frauen ist spiegelverkehrt. Sobald man das begriffen hat, kann man sie verhältnismäßig leicht durchschauen.

Jacques Marchand

Die Logik der Frauen beruht auf der Überzeugung, dass nichts unmöglich ist.

Maurice Chevalier

Als die Natur Männer und Weiber schuf, da warf sie zwei Lose in den Glückstopf; wir zogen die Vernunft, und ihr das Gefühl.

August von Kotzebue

Wer ein Frauenzimmer für eine Sache gewinnen oder von ihr abbringen will, versuche nicht, zu beweisen, sondern zu gefallen.

Karl Heinrich Waggerl

Die Phantasie der Frauen ist ihre Wirklichkeit.

Jean Giraudoux

Die Frau ist wie ein Löschblatt. Sie nimmt alles auf – und gibt es verkehrt wieder.

Curt Goetz

Über eine Spur von Geist in einer Frau freuen wir uns ebenso wie über ein paar Worte, die ein Papagei richtig herausbringt.

Honoré de Balzac

Die Philosophie sucht nur das Allgemeine, das Weib stets das Persönliche.

Karl Joël

Die schöne Frau hat so viel Verstand mitbekommen, dass man alles zu ihr und nichts mit ihr sprechen kann.

Karl Kraus

Männer richten nach Gründen; des Weibes Urteil ist seine Liebe: Wo es nicht liebt, hat schon gerichtet das Weib.

Friedrich von Schiller

Intuition ist der eigenartige Instinkt, der einer Frau sagt, dass sie recht hat, gleichgültig, ob das stimmt oder nicht.

Oscar Wilde

Der Mann hat sein Ziel und das Weib seinen Sinn.

Christian Morgenstern

Die Frauen haben wenig Verstand, aber sehr viel Vernunft.
George Bernard Shaw

Schwärmer und Mystiker wenden sich am liebsten an Weiber, und ich glaube, sie haben es dem Teufel abgelernt, der sich auch nicht an Adam, sondern an Eva wandte.
Karl Julius Weber

Ein Mann verlangt manchmal von einem Buch die Wahrheit, die Frau immer nur Illusionen.
Edmond de Goncourt

Das Unlogische lockt die Frauen.
Michel de Montaigne

Männer denken. Frauen denken, dass sie denken.
Oscar Wilde

Die Moralität des Weibes ist im Gefühl wie die des Mannes in der Vernunft begründet: Empfindung als Urquell des Weiblichen

An Weibern ist alles Herz, sogar der Kopf.

Jean Paul

Der Mann darf das Sinnliche in vernünftiger Form, die Frau das Vernünftige in sinnlicher Form begehren. Das Beiwesen des Mannes ist das Hauptwesen der Frau.

Novalis

Es gibt für den Verstand oder das Gefühl der Frauen kein Gesetz, wenn nicht ihr Temperament zustimmt.

François de La Rochefoucauld

Frauen besitzen einen wundersamen Instinkt. Alles entdecken sie, nur das Nächstliegende nicht.

Oscar Wilde

Die Frau zeichnet sich dadurch aus, dass sie mit ihrer Phantasie und ihrem Herzen alles vergrößert, alles heiligt, während der Mann mit seinem kritischen Geist, das heißt mit seiner naturgegebenen Kleinlichkeit, alles herabsetzt.

Henry de Montherlant

Der Mann analysiert den Menschen, die Frau wittert ihn.
Carl Ludwig Schleich

Im Gehirne der Frau muss es wohl ein Fach weniger, in ihrem Herzen dagegen eine Fiber mehr geben als bei den Männern.
Nicolas de Chamfort

Frauen neigen dazu, aus dem Allgemeinen die hervorstechende, ins Auge fallende Einzelheit herauszugreifen.
Anton Tschechow

Frauen haben die besondere Gabe, auf unerklärbare Weise die leisesten Gefühlsregungen, die unmerklichsten Veränderungen des körperlichen Ausdrucks, die geringste eigennützige Regung zu erfühlen. Sie besitzen ein Organ dafür, das uns abgeht.
Stendhal

Frauen vermengen unaufhörlich das Geringfügigste mit dem Wichtigsten, die Nebensachen mit den Hauptpointen, die Person und die Sache.
Bogumil Goltz

Wie die weibliche Kleidung vor der männlichen, so hat auch der weibliche Geist vor dem männlichen den Vorzug, dass man sich da durch eine einzige kühne Kombination über alle Vorurteile der Kultur und der bürgerlichen Konventionen wegsetzen und mit einem Male mitten im Stande der Unschuld und im Schoß der Natur befinden kann.

Friedrich von Schlegel

Die Vermutung einer Frau ist viel genauer als die Gewissheit eines Mannes.

Rudyard Kipling

Das Weib erzieht ein Bäumchen um der Blüten willen, der Mann hofft auf Früchte.

August von Kotzebue

Auch abgesehen von der Liebe neigen die Frauen dazu, sich ihrer Phantasie, ihren gewohnten Schwärmereien zu überlassen; darum übersehen und vergessen sie die Fehler des Geliebten so rasch.

Stendhal

Die Moralität des Weibes ist im Gefühl wie die des Mannes in der Vernunft begründet.

Novalis

V. Der Mann hat eine Liebe – die Welt; die Frau hat eine Welt – die Liebe!
Die Unterschiede zwischen Männern und Frauen

Ob die Weiber so viel Vernunft haben als
die Männer, mag ich nicht entscheiden,
aber sie haben ganz gewiss nicht
so viel Unvernunft
Männer und Frauen im Allgemeinen

Unangefochten stehen die Klassenbezeichnungen
»Dame« und »Herr« nur noch an den Türen jener Orte, an
denen wirklich Gleichheit herrscht.
Johannes Gross

Früher waren die Frauen so dumm, dass sie sich klug stell-
ten; heute sind sie so klug, dass sie sich dumm stellen.
Žarko Petan

Mit Bitten herrscht die Frau und mit Befehl der Mann: die
eine, wenn sie will, der andere, wenn er kann.
Johann Christoph Rost

Die meisten Leiden, die sich aus den Beziehungen zwischen Männern und Frauen ergeben, haben zur Ursache,
dass das eine Geschlecht absolut unfähig ist, das andere zu
verstehen.
Leo Tolstoi

Ein Mann bewahrt das Geheimnis eines anderen besser als sein eigenes; eine Frau hingegen bewahrt ihr eigenes Geheimnis besser als ein fremdes.

Jean de la Bruyère

Die Frau hat mehr Witz und der Mann mehr Geist; die Frau beobachtet, und der Mann zieht Schlüsse. Aus diesem Zusammenwirken entstehen die klarsten Einsichten und das vollkommenste Wissen.

Jean-Jacques Rousseau

Beim Mann liegt die Kraft im Gehirn, bei der Frau im Herzen; und wenn der Kopf auch regiert, so ist es doch das Herz, welches gewinnt.

Samuel Smiles

Die angenehmsten Menschen sind Männer mit Zukunft und Frauen mit Vergangenheit.

Oscar Wilde

Frauen sind weiser als Männer, denn sie wissen weniger und verstehen mehr.

James Stephens

Wollten die Weiber immer wahrhaft Weiber sein, sie wären immer mit wahren Männern glücklich.

Karl Christian von Bentzel-Sternau

Das einzige Mittel, einen Mann zu ändern, besteht für die Frau darin, ihn so restlos zu langweilen, dass er jegliches Interesse am Leben verliert.

Oscar Wilde

Der Zorn der Männer entlädt sich in Gewalttätigkeiten. Der Zorn der Frauen entlädt sich in Dummheit.

Henry de Montherlant

Der Mann kann sich nur als Held zeigen, indem er angreift, das heißt, indem er Schmerzen zufügt. Die Frau dagegen zeigt ihr Heldentum, indem sie die Schmerzen erträgt.

Ernst Bornemann

Ein Mann hat bei allem, was er tut, ein Ziel im Auge. Eine Frau einen Mann.

Sigmund Graff

Männer sind imstande, stundenlang über ein Thema zu reden. Frauen brauchen dazu gar kein Thema.

Curt Goetz

Die Frauen warten auf die Liebe, und die Männer warten auf Frauen.
Wolf Wondratschek

Das Weib nimmt einen für alle, der Mann alle für eine.
Karl Kraus

Es ist das Schrecklichste, mit einer dummen Frau Konversation zu führen. Nicht, weil sie dumm ist! Sondern weil man ihr ununterbrochen beweisen muss, dass man sie für gescheit hält.
Peter Altenberg

Männer wollen alles ausprobieren, bevor sie es haben. Frauen wollen alles haben, damit sie es ausprobieren können.
Harold Pinter

Der Mann liebt zuerst die Liebe und dann die Frau. Die Frau liebt zuerst den Mann und dann die Liebe.
Rémy de Gourmont

Bei Männern hält man das Mögliche häufig für unwahrscheinlich, bei den Frauen aber muss man das Unwahrscheinliche für möglich halten.
Orson Welles

Der Mann hat eine Liebe – die Welt; die Frau hat eine
Welt – die Liebe!

Peter Altenberg

Ob die Weiber so viel Vernunft haben als die Männer, mag
ich nicht entscheiden, aber sie haben ganz gewiss nicht so
viel Unvernunft.

Johann Gottfried Seume

Man kann eine Frau immer nur mit dem überraschen, was sie erhofft:
Die ewigen Missverständnisse zwischen Männern und Frauen

Die Beziehungen zwischen den Geschlechtern sind durch
Witzbolde, Zyniker, Besserwisser, Philosophen, Psycholo-
gen, Psychiater und schließlich die Frauenbewegung so
unentwirrbar verkorkst worden, dass man den größten Teil
seines Lebens damit zubringt, herauszufinden, dass das
Allgemeine keinerlei Auswirkungen auf das Spezielle hat.

Peter Ustinov

Die Geographie der Geschlechter ist verschieden. Die
Frauen suchen bei den Männern das Kap Hoorn, die Männer
suchen bei den Frauen das Kap der Guten Hoffnung.

Edi Welz

Nachdem Gott die Welt erschaffen hatte, schuf er Mann und Frau. Um das Ganze vor dem Untergang zu bewahren, erfand er den Humor.

Guillermo Mordillo

Frauen misstrauen Männern im Allgemeinen zu sehr und im Besonderen zu wenig.

Gustave Flaubert

Man soll die Männer nehmen, wie sie sind, und die Frauen, wie sie sein möchten.

Frank Wedekind

Was eine Frau quält, ist weniger die Tyrannei des Mannes als seine Kälte.

Jules Michelet

Frauen sind sadistisch: Sie quälen uns mit den Leiden, die wir ihnen zugefügt haben.

Stanislaw Jerzy Lec

Die Frauen sind darauf angewiesen, dass die Männer den Verstand verlieren.

Peter Bamm

Wohl jeder Mann wird mir beistimmen, wenn ich behaupte: 's ist leichter, eine Frau anzubeten, als sich mit ihr zu vertragen.
Otto Weiss

Wer den Charakter einer Frau kennenlernen will, esse dreimal ihren Kartoffelsalat. Wenn er immer gleich schmeckt, ist sie zuverlässig, aber langweilig. Wenn jedes Mal etwas anderes drin ist, hat sie Phantasie.
Hardy Krüger

Frauen sind immer erstaunt, was Männer alles vergessen. Männer sind erstaunt, woran Frauen sich erinnern.
Peter Bamm

Der kluge Mann entschuldigt sich, wenn er beim Streit mit einer hübschen Frau recht behalten hat.
Danny Kaye

Wenn eine Frau in ein Rendezvous einwilligt, dann weiß sie im Moment noch nicht, ob sie kommen wird oder nicht. In dieser Ungewissheit liegt für sie der Reiz der Verabredung.
Tristan Bernard

Eine Frau, ohne die man nicht leben konnte, ist manchmal dieselbe, mit der man nicht leben kann.

Charles Boyer

Es legte Adam sich im Paradiese schlafen; da ward aus ihm das Weib geschaffen. Du armer Vater Adam, du! Dein erster Schlaf war deine letzte Ruh.

Matthias Claudius

Das Verlangen des Mannes richtet sich auf die Frau: Das Verlangen der Frau aber richtet sich selten auf etwas anderes als auf das Verlangen des Mannes.

Samuel Coleridge

Unter Großzügigkeit verstehen die Frauen, dass sie ihre eigenen Fehltritte dem Mann nicht nachtragen.

Rock Hudson

Jede Frau ist imstande, aus einem Nichts einen Hut, einen Salat oder eine Szene zu machen.

Danny Kaye

Intelligenz ist die Eigenschaft, die ein Mann bei einem Mädchen sucht – nachdem er alles andere schon gefunden hat.

Robert Lembke

Nie hält sich eine Frau für klüger, als wenn sie sagt: »Dazu sind wir Frauen viel zu dumm.«
Charlie Chaplin

Für die beiden Geschlechter gibt es ein Thema: Für die Männer die Frauen, für die Frauen das Geld: **Frauen und das liebe Geld**

Geld ist das Einzige, was eine Frau manchmal für sich behalten kann.
Jacques Tati

Gott sei Dank habe ich immer Frauen gehabt, denen eigentlich kleiner Schmuck besser stand.
Gunter Sachs

Der schönste Schmuck für einen weißen Frauenhals ist ein Geizkragen.
Kurt Tucholsky

Es gilt die Faustregel: je teurer ein Schmuckstück ist, desto älter vermutlich die Frau, die es trägt.
Gino Volpi

Genie ist ein Mann, der seiner Frau einreden kann, dass ein Nerzmantel sie dick macht, dass ein Brillantring sie alt macht und dass ein Urlaub in Acapulco ihrem Teint schaden würde.

Georg Thomalla

Frauen, die jede Modeschöpfung zuerst tragen wollen, sind meist jene, die es bleiben lassen sollten.

Yves Saint-Laurent

Frauen, die sich für ein Konzert ein neues Kleid kaufen, hoffen, vom Dirigenten ausgezogen zu werden.

Werner Schneyder

Frauen kaufen neue Kleider hauptsächlich deshalb, um darin einkaufen zu können.

Peter Frankenfeld

Alle Frauen sind Meister des geflüsterten Wunschzettels.

Heinz Rühmann

Douglas ist so was wie OBI für Frauen.

Harald Schmidt

Wenn es keine Frau gäbe, hätte alles Geld der Welt keine Bedeutung.

Aristoteles Onassis

Sicher verdanken einige Millionäre ihren Erfolg ihren Frauen. Aber die meisten verdanken ihre Frauen dem Erfolg.

Danny Kaye

Die meisten Frauen urteilen über Verdienst und gutes Aussehen eines Mannes nach dem Eindruck, den sie davon haben, und gestehen dem, für den sie nichts empfinden, kaum das eine noch das andere zu.

Jean de la Bruyère

Die Frauen geben mehr Geld aus, als der Mann verdient, damit die Leute glauben, dass er mehr verdient, als die Frau ausgibt.

Danny Kaye

Es gibt keine größere Schwierigkeit, als einer Frau klarzu-machen, dass auch Gelegenheitskäufe Geld kosten.

Edgar Watson Howe

Ein Ruin kann drei Ursachen haben: Frauen, Wetten oder die Befragung von Fachleuten.
Georges Pompidou

Briganten verlangen Geld oder Leben, Frauen beides.
Samuel Butler

Viele Ehemänner arbeiten heutzutage hart, um so viel Geld zu verdienen, dass ihre Frau sie bequem betrügen kann.
William Feather

Die meisten Frauen haben am Geldende zu viel Monat übrig.
Toni Gellert

Man muss sehr viel verdienen, um eine Frau zu bekommen, die man nicht verdient.
Georg Thomalla

Die Frauen sind Finanzgenies: Sie ersparen uns Männern Sorgen wegen der sinkenden Kaufkraft, indem sie das Geld rechtzeitig ausgeben.
Paul Kuhn

Das Geld ist am schnellsten beim Teufel, wenn man einen Engel kennenlernt.
Robert Lembke

Die kleinste Summe, mit der eine Frau sich begnügt, ist die größte, die ihr Mann ihr geben kann.
Marcel Achard

Weibern und dem Spiel zuliebe wurde mancher Mann zum Diebe.
Freidank

Frauen mögen Kleinigkeiten, zum Beispiel haselnussgroße Brillanten.
Louis de Funès

Wenn eine Frau einem Mann ihr Herz schenkt, so schenkt sie ihm auch ihren Geldbeutel.
Honoré de Balzac

Zu einer wirklich eleganten Frau passt modisch alles – nur kein armer Mann.
Yves Montand

Es gibt drei Möglichkeiten, eine Firma zu ruinieren: mit Frauen, das ist das Angenehmste; mit Spielen, das ist das Schnellste; mit Computern, das ist das Sicherste.
Oswald Dreyer-Eimbcke

Wenn eine Frau die Wahl hat zwischen Liebe und Reichtum, versucht sie immer, beides zu wählen.
Marcel Achard

Wie Motten lockt der Glanz die Mädchen an.
Lord Byron

Es ist nicht wahr, dass Frauen einen Mann suchen, der viel arbeitet, es genügt ihnen einer, der viel verdient.
Werben & Verkaufen

Eine schöne Frau ist ein Paradies für die Augen, eine Hölle für die Seele und ein Fegefeuer für den Geldbeutel.
Bernard Le Bovier de Fontenelle

Männer leben immer dann über ihre Verhältnisse, wenn sie welche haben.
Paul Newman

Wenn ein Mann nur Geist, eine vornehme Erscheinung und Lebensart hat, fragen die Frauen ihn niemals, woher er kommt, sondern nur, wohin er will.

Honoré de Balzac

Erfolg ist das Parfüm des Mannes und Eitelkeit die Voraussetzung des Erfolges.

Hans Habe

Die Fernsehansagerinnen geben den Frauen ein schlechtes Beispiel – sie haben jeden Tag etwas anderes an.

Alberto Sordi

Es gibt nur eines, was teuerer ist als eine Frau – nämlich eine Exfrau.

Jack Nicholson

Für einen Mann ist es oft viel billiger, die Frauen nicht zu verstehen.

Hubert Ries

Die Mädels, die mit mir ausgingen, taten das nur, weil sie wussten, dass ich ihr Kokain finanziere.

Tony Curtis

Frauen vereinfachen unseren Schmerz, verdoppeln unsere Freude und verdreifachen unsere Ausgaben.
James Saunders

Ein Blick in die Handtasche einer Frau lehrt, dass Geld nicht das Einzige ist, was glücklich macht.
Maximilian Schell

Viele Blondinen haben eine Begabung für Mathematik. Deshalb sind sie auch so berechnend.
Ernest Rutherford

Manche Damen sind wie Lokomotivheizer: Feuer haben sie nur, wenn die Kohlen stimmen.
Wolfgang Gruner

Frauen sind keine Fanatikerinnen der körperlichen Liebe. Sie können sich auch abstrakt verlieben – zum Beispiel in das Bankkonto eines Mannes.
David Frost

Nicht das Geld imponiert den Frauen, sondern nur dass wir sie manchmal damit kaufen können.
Arthur Schnitzler

Ein Finanzgenie ist ein Mann, der sein Geld schneller verdient, als seine Frau es ausgeben kann.

Markus M. Ronner

Nach den Vorstellungen einer amerikanischen Frau ist der ideale Ehemann ein Butler mit dem Einkommen eines Generaldirektors.

William S. Maugham

Unter Verzicht verstehen Frauen die kurze Pause zwischen zwei Wünschen.

Mario Adorf

In Hollywood arbeitet man hart, um sich eine Traumvilla zu kaufen. Man arbeitet noch härter, um sie seiner geschiedenen Frau wieder abzukaufen.

Burt Reynolds

Nur Frauen können mit kleinster Schuhnummer auf großem Fuß leben.

Willy Reichert

Frauen inspirieren uns zu großen Dingen – und hindern uns dann, sie auszuführen: **Die Frau als Muse des Mannes**

Ein Liebesverhältnis, das nicht ohne Folgen blieb. Er schenkte der Welt ein Werk.
Karl Kraus

Hinter jedem großen Mann stand immer eine liebende Frau, und es ist viel Wahrheit in dem Ausspruch, dass ein Mann nicht größer sein kann, als die Frau, die er liebt, ihn sein lässt.
Pablo Picasso

Eine Frau, die begreift, dass sie den Flug ihres Mannes hemmt, soll sich trennen. Warum hört man von diesem Akt der Liebe nicht?
Friedrich Nietzsche

Die Frauen hassen unsere Kunst, denn sie fühlen wohl, dass sie uns von ihrer Macht befreit. Ab und zu aber gibt es eine Edle, die uns und unsere Kunst eben um dieser Befreiung willen liebt.
Arthur Schnitzler

Frauen nehmen uns drei Viertel unserer Lebensenergien weg. Wenn wir sie aber nicht hätten, hätten wir überhaupt keine Lebensenergien. Freilich, es gibt noch andere Stimulantien, Ehrgeiz und Geldsucht. Aber das sind Phantome. Der Leib der Frau ist leider eine Tatsache.

Peter Altenberg

Ich habe nie verstanden, warum Frauen an talentierten Männern zunächst deren Fehler und an Narren deren Verdienste sehen.

Pablo Picasso

Kraft und Wert der Liebe sind in der poetischen Darstellung lebendiger und beseelter als in der Wirklichkeit; das dichterische Bild sieht gewissermaßen verliebter aus als die Liebe selbst.

Michel de Montaigne

Liebe und Kunst umarmen nicht, was schön ist, sondern was eben dadurch schön wird.

Karl Kraus

Frauen inspirieren uns zu großen Dingen – und hindern uns dann, sie auszuführen.

Alexandre Dumas der Jüngere

VI. Die meisten Frauen verlieren ihr Herz nur dann, wenn sie sicher sind, dass es gefunden wird

Das ewige Spiel von Koketterie, Flirt und Verführung

Frauen siegen, indem sie sich scheinbar ergeben
Koketterie und Flirt aus weiblicher und männlicher Sicht

Nichts ist so wundervoll wandelbar wie das Nein einer Frau.
Vittorio de Sica

Eine Frau ist eine Festung, die sich mit der weißen Flagge wehrt.
Charles Boyer

Die Frauen, von denen die Männer meinen, sie seien ihnen über den Weg gelaufen, haben sich ihnen in den meisten Fällen in den Weg gestellt.
Sigmund Graff

Ich fühle, es gibt nichts, das den Geist des Mannes so sehr von seiner sicheren Höhe stürzt wie die Schmeicheleien einer Frau und jene körperlichen Berührungen, ohne die man eine Frau nicht haben kann.
Augustinus

Die schönsten Frauen sind die, denen wir gefallen.
Gabriel Laub

Wenn ein Mann eine Frau bewundert, hat sie ihn schon halb erobert.
Marcel Proust

Wer ein Mädchen um Verzeihung bittet, wenn er es geküsst hat, erhält keine.
Theodor Gottlieb von Hippel

Man findet unter Sportanglern so wenige Frauen, weil Frauen ganz woanders angeln als im Wasser.
Friedrich Schoenfelder

Die Frauen lieben die Sieger, deshalb lassen sie sich so gerne erobern.
Marcello Mastroianni

Wer hätt' es nicht schon auf der Straße gesehn, wie eine Frau einem Mann, der hinter ihr ging, langsam nachlief!
Otto Weiss

Des zärtlichen Geschlechts hochmütiges Vergnügen, wenn zwanzig Toren knien, die zwanzig zu betrügen.
Johann Wolfgang von Goethe

Die meisten Frauen verlieren ihr Herz nur dann, wenn sie sicher sind, dass es gefunden wird.

Félicien Marceau

Frauen mögen es nicht immer gern, dass man Nein versteht, wenn sie Nein gesagt haben.

Karl Heinrich Waggerl

Wenn eine Frau einen Mann, der jahrelang in grenzenloser Sehnsucht an ihr hängt, dennoch nie erhört, ist es nur deshalb, weil sie den edlen Schwärmer nicht enttäuschen möchte.

Peter Altenberg

Frauen verteidigen sich, indem sie angreifen, und greifen an, indem sie sich plötzlich ergeben.

Oscar Wilde

Es ist ja unangenehm, wenn die begehrte Frau es uns allzu schwer macht, aber wenn sie es uns zu leicht macht, so ist das in Wirklichkeit noch unangenehmer.

Michel de Montaigne

Komisch, dass gerade Männer, die sich nicht entscheiden können, von vielen Frauen sehr begehrt werden.

Karlheinz Hackl

Eine Frau, die ihren Körper nicht zum Sprungbrett macht, um den von ihr bevorzugten Mann zum Ziel zu verhelfen, ist eine herzlose, selbstsüchtige Frau.
Honoré de Balzac

Bildschöne Frauen sind selten charmant, weil sie es nicht nötig haben, charmant zu sein. Charme setzt kleine Fehler voraus, die man überdecken muss.
Boleslaw Barlog

Die Koketterie der Frauen ist eine Art von Notwehr. Sie gleichen mit ihrer Hilfe den Nachteil, nicht wählen zu dürfen, wieder aus, indem sie einen möglichst großen Kreis von Verehrern und Bewerbern um sich sammeln, unter denen sie wählen können. Die Koketterie ist ihre Form der Initiative.
Sigmund Graff

Die Blicke sind die große Waffe der tugendsamen Koketterie. Man kann mit einem Blick alles sagen und kann doch immer einen Blick ableugnen.
Stendhal

Die koketten Frauen haben ein schlechtes Los erwählt. Selten entfachen sie eine große Leidenschaft, nicht weil sie leichtsinnig sind, wie man gemeinhin glaubt, sondern weil niemand zum Besten gehalten sein will. Aus Tugendhaftigkeit verachtet man die Falschheit, und aus Eigennutz hasst man sie.

Luc de Vauvenargues

Liebeswerben des Mannes: jener seltsame Vorgang, bei dem eine Frau einen Mann davon überzeugt, dass er ohne sie nicht leben kann.

Hans Söhnker

Versagen war stets Frauensitte, doch lieben sie, dass man sie bitte.

Freidank

Die Frauen beherrschen eher ihre Leidenschaften als ihre Koketterie.

François de La Rochefoucauld

Die Frauen wollen immer, dass wir tugendhaft sind. Und sind wir tugendhaft, wenn sie uns kennenlernen, dann haben sie nicht das Geringste für uns übrig. Sie lieben es, uns als heillos schlechte Menschen anzutreffen und uns als reizlos tugendhafte Kreaturen zurückzulassen.

Oscar Wilde

Die Frauen sind nicht zum Laufen geschaffen. Wenn sie fliehen, so geschieht es, um eingeholt zu werden.

Jean-Jacques Rousseau

Die Kunst der Koketten besteht darin, nichts zu erlauben und dabei doch alles möglich erscheinen zu lassen.

Sully Prudhomme

Unter Erröten verstehen die Frauen die Kunst, subkutan Rouge aufzulegen, wenn die Situation es erfordert.

Peter Ustinov

Die Kunst der Frau besteht darin, den Mann zu wählen, der sie wählt.

Graham Greene

Schlechte Frauen belästigen einen. Brave Frauen langweilen einen. Das ist der einzige Unterschied.

Oscar Wilde

Die wahre Tragödie des Don Juan liegt darin, dass er nur Beute, niemals Jäger war.

George Bernard Shaw

Frauen siegen, indem sie sich scheinbar ergeben.
Peter Ustinov

Amors Streifschüsse
nennt man Flirt:
Das Wesen des Flirts

Jede Frau kann einen Mann dahin bringen, wo er sie haben will.
Alec Guinness

Flirts aus der Ferne sind dasselbe wie Sachertorten aus einem Bilderbuch.
Karl Farkas

Flirten im Urlaub ist annähernd so ungefährlich wie Bergsteigen ohne Kletterschuhe und Seil.
Helmut Lohner

Ein Flirt ohne tiefere Absicht ist ungefähr so sinnvoll wie ein Fahrplan ohne Eisenbahn.
Marcello Mastroianni

Der Flirt ist ein Spiel, bei dem man nicht weiß, ob man noch in der Qualifikation ist oder schon im Finale.
Ernst Stankovski

Flirts sind Spinnweben zwischen einem Maskulinum und einem Femininum, auf denen ein Sonnenstrahl tanzt.
Thaddäus Troll

Flirt ist ein Rennen mit Vorgabe, bei dem sich die Frau immer nur so weit entfernt, dass sie bestimmt eingeholt wird.
Danny Kaye

Flirten ist das Kunststück, mit einem blauen Auge davonzukommen, nachdem man in zwei blaue Augen geblickt hat.
Roy Black

Der Flirt ist die Kunst, einer Frau in die Arme zu sinken, ohne ihr in die Hände zu fallen.
Sacha Guitry

Der Flirt ist das Manöver, die Liaison der Krieg.
Marcel Achard

Den Mägdlein, die nur flirten möchten, wird keiner gerne Myrten flechten.

Wilhelm Busch

Amors Streifschüsse nennt man Flirt.

Georg Thomalla

Alle großen Verführer beherrschen die Kunst, einer Frau beim Fallen so behilflich zu sein, dass sie sich nicht wehtut: **Das ewige Spiel der Verführung**

Geh den Weibern zart entgegen,/Du gewinnst sie auf mein Wort./Und wer rasch ist und verwegen,/Kommt vielleicht noch besser fort./Doch, wem wenig dran gelegen/Scheinet, ob er reizt und rührt,/Der beleidigt, der verführt.

Johann Wolfgang von Goethe

Die Frau lässt die Werbung des Mannes passiv über sich ergehen – so passiv wie die Spinne, die im Netz auf die Fliege wartet.

George Bernard Shaw

Ihn fragte ich einmal: »Gibt es eigentlich ein Wort, eine Geste, ein Gambit sozusagen, das Ihnen schon in den Anfangszügen Ihre Chancen für das kommende Spiel verrät?« »Allerdings«, informierte er mich mit leichter Herablassung, wie ein Einstein, den man um das kleine Einmaleins angeht. »Es ist die Frage an die betreffende Dame: Wie alt sind Sie? Fordert die Dame mich auf, ihr Alter zu erraten, so deutet das auf die Lust hin, sich auf das Spiel einzulassen. Macht sie sich jünger, so hat der Tanz schon begonnen. Antwortet sie aufrichtig, so ist die Hingabe in der Phantasie bereits vollzogen. Weist sie aber die Frage als ungehörig zurück, so kann man ebenso gut einpacken.«
Georg Stefan Troller

Don Juan ist nicht der Mann, der die Frauen liebt, sondern der Mann, den die Frauen lieben.
José Ortega y Gasset

Die Frau ist die einzige Beute, die ihrem Jäger auflauert.
Jörg Knör

Frauen bis fünfundzwanzig erwarten die Verführung – danach unterliegen sie Vereinbarungen.
Hans Arndt

Eine tugendhafte Frau ist wie ein Jäger, der gewissenhaft vermeidet, das Wild zu töten!

Willy Breinholst

Es gibt kaum etwas Schöneres, als den Frauen beim Sammeln von Erfahrungen behilflich zu sein.

Marcel Achard

Frauen, die nicht gefallen, fallen auch nicht.

Joachim Ringelnatz

Alle großen Verführer haben gewusst, dass Frauen erst dann den Mund halten, wenn sie geküsst werden.

Marcel Aymé

Mit Humor kann man Frauen am leichtesten verführen, denn die meisten Frauen lachen gerne, bevor sie anfangen zu küssen.

Jerry Lewis

Alle großen Verführer wissen, dass Diskretion Voraussetzung des Erfolges ist. Die selbstauferlegte Schweigepflicht der wahren Frauenhelden ist kaum weniger streng als die der Ärzte.

André Maurois

Gerade die feurigsten Frauen kann man mit Worten noch besser streicheln als mit den Händen.
Anthony Quinn

Der »Verführer«, der sich rühmt, Frauen in die Geheimnisse der Liebe einzuweihen: der Fremde, der auf dem Bahnhof ankommt und sich erbötig macht, dem Fremdenführer die Schönheiten der Stadt zu zeigen.
Karl Kraus

Frauen interessieren sich für Männer, die sich nicht für sie interessieren.
Marcello Mastroianni

Der Mann hat hauptsächlich deshalb einen Kopf, damit eine Frau ihn verdrehen kann.
Jacques Prévert

Die Mehrzahl der Frauen ergibt sich eher aus Schwäche als aus Leidenschaft. Daher kommt es, dass unternehmungslustige Männer gewöhnlich eher zum Ziel gelangen als die anderen, obwohl sie nicht liebenswerter sind.
François de La Rochefoucauld

Es ist doch immer dasselbe: Zuerst hat man eine Frau im Herzen, dann auf den Knien, dann im Arm und dann am Hals.

Mario Adorf

Je unschuldiger ein Mädchen ist, desto weniger weiß sie von den Methoden der Verführung. Bevor sie Zeit hat nachzudenken, zieht Begehren sie an, Neugier noch mehr und Gelegenheit macht den Rest.

Giacomo Casanova

Bei der Brautwerbung ist der Mann so lange hinter einer Frau her, bis sie ihn hat.

Jacques Tati

Alle großen Verführer wissen, dass man Frauen erst die Augen öffnen muss, damit sie sie schließen können.

Henry Miller

Am Anfang widersteht eine Frau dem Ansturm des Mannes, und am Ende verhindert sie seinen Rückzug.

Oscar Wilde

In jedem Mann steckt unter anderem auch ein Gockel, der will manchmal auf den Mist steigen und krähen und den großen Verführer spielen.
Michael Ende

Ein Verführer ist ein Mann, der Frauen wie Bücher liest: keine ganz zu Ende.
Henry Miller

Wer die Seele einer Frau sucht, ist nicht immer enttäuscht, ihren Körper zu finden.
Jean Paul

Frauen schätzen einen raffinierten Mann nur stundenweise.
Hans Arndt

Alle großen Verführer beherrschen die Kunst, einer Frau beim Fallen so behilflich zu sein, dass sie sich nicht wehtut.
Michel Simon

Ein Gentleman ist ein Mann, der so
lange die Hand schützend über eine
Frau hält, bis er selber zugreift:
Von ehrenhaften Männern und Beschützern

Ein Gentleman würde niemals eine hilflose Frau verführen, außer wenn er mit ihr allein ist.

George Bernard Shaw

Alt ist ein Mann dann, wenn er an einer Frau vor allem ihre Tugend bewundert.

Sacha Guitry

Es ist für einen Mann beunruhigend, wenn er anfängt, auf Frauen beruhigend zu wirken.

Jean Gabin

Ein Gentleman darf keiner Frau widersprechen. Das ist nicht nur höflicher, es ist auch klüger.

Mel Ferrer

Ein Gentleman ist ein Mann, der einer Frau gegenüber nicht aus dem Rahmen fällt, auch wenn er über sie im Bilde ist.

Werner Finck

Ein Gentleman ist ein Mann, der in einem überfüllten Bus niemals sitzen bleibt, ohne eine Frau auf den Schoß zu nehmen.
David Frost

Den wahren Gentleman erkennt man daran, dass er nicht zögert, eine Frau notfalls auch vor sich selbst zu schützen.
Alec Guinness

Ein Gentleman ist ein Mann, der Dinge tut, die kein Gentleman tun sollte, der sie aber so tut, wie eben nur ein Gentleman sie tun kann.
Oscar Wilde

Ein wahrer Gentleman ist ein Mann, der die Gedanken einer Frau errät und sie trotzdem nicht nach Hause begleitet.
John Barrymore

Frauen befinden sich dann in besonderer Gefahr, wenn sie sich männlichem Schutz anvertrauen.
Edmund Rehwinkel

Der Schirm, den ein Mann einer Frau zum Schutze anbietet, ist immer ein Fallschirm.
Mark Twain

Ein Gentleman ist ein Mann, der so lange die Hand schützend über eine Frau hält, bis er selber zugreift.

Mike Crump

Seine Frau kauft auch der Listigste noch im Sack: Das Mysterium der Partnerwahl

Sämtliche Komplikationen entstehen dadurch, dass man der Frau fürs Leben nicht nur ein einziges Mal begegnet.

Marlon Brando

Die meisten Frauen bekommen den Mann, den sie verdienen. Aber sie warten immer auf den Mann, den sie nach ihrer Meinung verdienen würden.

Marcel Achard

Auf hundert Frauen, die sich nicht in den Mann verlieben, sondern in dessen Ruhm, in dessen Reichtum oder auch in dessen verbrecherische Anlagen, kommt noch nicht ein Mann, der eine Frau darum begehrte, weil sie berühmt, weil sie reich oder weil sie eine Verbrecherin wäre.

Arthur Schnitzler

Die Liebe aus Eitelkeit. Die allermeisten Männer, besonders in Frankreich, begehren oder besitzen eine schöne Frau als ein zum Luxus erforderliches Ding, so wie man sich ein schönes Pferd hält.

Stendhal

Die geschmackvolle Frau wählt den Mann, der ihr am besten steht.

Emilio Schuberth

Den richtigen Partner fürs Leben findet man nur aus Versehen, und wenn er einem zu früh begegnet, dann lernt man nie wieder was dazu.

Peter Ustinov

Die meisten Männer wählen ihre Frau bei einer Beleuchtung, bei der sie nicht einmal einen Anzug aussuchen würden.

Danny Kaye

Die Männer haben keine Ahnung, wie wenig sich die Frauen aus der sogenannten körperlichen Attraktivität machen, wie sie manchmal auf einen miesen, hässlichen alten Mann fliegen. Du lieber Himmel! Mir scheint, diese hässlichen alten Knacker kriegen oft die schönsten Weiber.

Henry Miller

Es ist die wichtigste Aufgabe der Frau zu lernen, wie man die Männer bezaubert. Das Mädchen braucht dieses Mittel, um den richtigen Mann wählen zu können, die verheiratete Frau, um über den Mann zu herrschen.

Leo Tolstoi

Heiratest du ein schönes Weib, so hast du es nicht allein; und wenn ein hässliches, so macht es dir Pein.

Antisthenes

Mütter, die mehrere Töchter verheiraten müssen, verstehen etwas von Marketing.

Edward G. Robinson

Ein Mädchen, das einen Soldaten heiratet, beweist Klugheit: Ein Soldat kann kochen und nähen, ist von kräftiger Gesundheit und auch gewohnt, zu gehorchen.

Charles de Gaulle

Den Prozess, durch den sich Freiheit des verheirateten Mannes wieder herstellt, nennt man Emanzipation der Frau.

Johannes Gross

Man möchte immer große Lange, und dann bekommt man eine kleine Dicke – c'est la vie!
Kurt Tucholsky

Seine Frau kauft auch der Listigste noch im Sack.
Friedrich Nietzsche

Männer wollen erobern und nicht ständig
übergabebereite Festungen stürmen:
Von Tugendhaften und Eroberern

Die Herrschaft der Frau fange mit ihren Tugenden an!
Jean-Jacques Rousseau

Mit der Schönheit der Frauen nimmt im Allgemeinen ihre Schamhaftigkeit zu.
Friedrich Nietzsche

Die meisten anständigen Frauen sind wie verborgene Schätze, die nur in Sicherheit sind, weil man nicht nach ihnen sucht.
François de La Rochefoucauld

Wir wollen nicht versuchen, die Frauen zu zählen, die aus Dummheit tugendhaft sind.

Honoré de Balzac

Schließlich gibt es nichts Schöneres, als über den Widerstand einer schönen Frau zu triumphieren.

Molière

Fast jede Frau ist schön, wenn sie Charme hat. Fast jede Frau hat Charme, wenn sie Scham hat.

Anton Graff

Eine Frau, die ihren Widerstand aufgibt, geht zum Angriff über.

Marcello Mastroianni

Der Widerstand, den eine Frau leisten wird, lässt sich berechnen. Er ist gleich dem Quotienten aus den Wünschen der Frau und der Angst vor dem schlechten Ruf, multipliziert mit der Chance, das Ganze geheim zu halten.

John Osborne

Man sollte niemals vergessen: Auch Damen gehören zu den Weibern.

Peter Bamm

Eine Dame ist eine Frau, deren bloße Anwesenheit zur Folge hat, dass sich Männer wie Herren benehmen.

Henry Louis Mencken

Die Dame lässt sich kaum definieren, aber man weiß, wenn man einer gegenübersteht.

Willy Birgel

Die Männer wissen nicht mehr, was eine Dame ist. Und die Frauen wissen es auch nicht.

Emilio Schuberth

Ein Gentleman ist ein Mann, der niemals hinter dem Rücken einer Dame über ihren Busen spricht.

Peter Ustinov

Eine prüde Frau entgilt mit Haltung und Worten, eine sittsame Frau mit ihrem Wandel.

Jean de la Bruyère

Ein schneller Sieg, wenn man die Eitelkeit außer Acht lässt, ist eigentlich für keinen Mann schmeichelhaft.

Stendhal

Eitelkeit, Scham und vor allem Temperament machen die Tapferkeit der Männer und die Tugend der Frauen.

François de La Rochefoucauld

Es ist vielleicht das größte Raffinement der Frau, dass sie, ohne tugendhaft zu sein, die Idee der Sittsamkeit in die Welt gesetzt hat.

Sacha Guitry

Hässlichkeit bei einem Weibe ist schon der halbe Weg zur Tugend.

Heinrich Heine

Himmel, welch eine Pein sie fühlt! Sie hat so viel Tugend immer gesprochen, dass ihr nun kein Verführer mehr naht.

Heinrich von Kleist

Hüte dich vor einer Frau, die von ihrer Tugend spricht.

Honoré de Balzac

Frauen sind oft nur anständig aus Liebe zu ihrem Ruf und ihrer Ruhe.

François de La Rochefoucauld

Eine lang dauernde Belagerung ist für den Mann beschämend, die Frau dagegen sieht ihren Ruhm darin.
Stendhal

Die Unnahbarkeit der Frauen ist ein Kleid und eine Schminke, die sie ihrer Schönheit hinzufügen.
François de La Rochefoucauld

Die Scham ist das Widerstreben der Frau, ihren Körper ohne die Seele hinzugeben – ein Beweis der Unteilbarkeit des Seins.
Sully Prudhomme

Eine anständige Frau ist eine, die nicht oder nicht mehr imstande ist, mehr als nur einen Mann unglücklich zu machen.
Henry de Montherlant

Frauen sind die sonderbarsten Geschöpfe: Während ihr Widerspruch zunimmt, lässt ihr Widerstand nach.
Karl Schönböck

Frauen, die sich zu schnell erobern lassen, organisieren später den Widerstand im Untergrund.
Jean-Paul Belmondo

Der Widerstand der Frau gehört zu den Spielregeln wie der Anstoß zum Fußballspiel.
Marcello Mastroianni

Es ist schwierig, zu einer Dame aufzusehen, wenn sie unter einem liegt.
Brendan Behan

Eine Dame ist eine Frau, die weiß, was sie nicht wissen darf, obwohl sie es weiß.
Jean-Paul Belmondo

Ein Gentleman ist ein Mann, der seinem Mädchen die Antibabypillen bezahlt.
Dan Carter

Eine wirkliche Dame lässt niemals ihren Slip liegen.
Oliver Hassencamp

Eine Dame ist eine Frau, die einem Mann in gesellschaftlich einwandfreier Form zu erkennen gibt, wie weit er zu weit gehen darf.
Hans Söhnker

Der männliche Händedruck, der einer jüngeren Dame gilt, darf höchstens eine Viertelstunde währen.
Otto Weiss

Durch Zärtlichkeit und Schmeicheln, Gefälligkeit und Scherzen erobert man die Herzen der guten Mädchen leicht.
Wolfgang Amadeus Mozart

In der Liebe ist es meistens die Festung, die den Belagerer erobert.
Peter Pasetti

Eine Kassandra ist eine Dame, die etwas Unangenehmes so lange voraussagt, bis es eintrifft.
Alberto Sordi

Wer steigen will, wenn auch durch wahre Verdienste, der lasse die Bescheidenheit fahren. Auch darin gleicht die Welt den Weibern: Mit Scham und Zurückhaltung erreicht man nichts bei ihr.
Giacomo Leopardi

Ein Mann ist alt, wenn er seine Komplimente nicht mehr in die Tat umsetzen kann.
Charles Boyer

Der gute Ruf schützt eine Frau besser als ihre eigene Standhaftigkeit.

Sacha Guitry

Wer behauptet, die Frauen zu kennen, ist kein Gentleman.

George Bernard Shaw

Die Frau, die dem Angriff des Mannes widersteht, unterliegt seinem Zögern.

Sigmund Graff

Eine nie auf die Probe gesetzte Frau denkt stets von sich zu gut und von dem Sieg zu leicht.

Jean Paul

Die Mehrzahl der Frauen ergibt sich eher aus Schwäche als aus Leidenschaft: Daher kommt es, dass unternehmungslustige Männer gewöhnlich eher zum Ziele gelangen als die andern, obwohl sie nicht liebenswerter sind.

François de La Rochefoucauld

Männer wollen erobern und nicht ständig übergabebereite Festungen stürmen.

Oswald Kolle

VII. Ein glückliches Paar: Er tut, was sie will, und sie tut, was sie will
Geheimnisse perfekter Partnerschaften und erfüllender Verhältnisse

Der Unterschied zwischen Monogamie und
Monotonie liegt darin, dass Monotonie
etwas interessanter ist
Nur ein Paar Probleme

Wenn eine Bindung zwischen Mann und Frau wirklich interessant sein soll, muss sie Genuss, Erinnerung und Sehnsucht miteinander verbinden.
Nicolas de Chamfort

Phänomen der menschlichen Beziehungen, wenn sie lange genug dauern: Das Unerträgliche wird das Unentbehrliche.
Alfred Polgar

Die einzige Art, wie man sich zu einer Frau verhalten kann, ist, sie zu lieben, wenn sie hübsch ist, und eine andere zu lieben, wenn sie es nicht ist.
Oscar Wilde

Frauen trösten uns über jeden Kummer hinweg, den wir ohne sie nicht hätten.
Jean Anouilh

Frauen wollen ohne Warum und Wofür geliebt werden; nicht weil sie hübsch oder gut oder wohlerzogen oder graziös oder intelligent sind, sondern weil sie sie selbst sind.
Henri Frédéric Amiel

Das Schicksal einer Beziehung zwischen Mann und Frau ist in der Regel davon abhängig, welcher der beiden Teile um eine tausendstel Sekunde früher beunruhigend nach dem Nebentisch geblickt hat ... beziehungsweise: welcher von ihnen früher bemerkt hat, dass der andere nach dem Nebentisch blickt.
Anton Kuh

Wer in einem Restaurant die Paare beobachtet, kann aus der Länge der Gespräche Schlüsse auf die Dauer der gemeinsam verlebten Zeit ziehen. Je kürzer die Konversation, desto länger die Gemeinschaft.
François Mauriac

Im Augenblick, da man eine Frau »sein Eigen« nennt, ist sie es schon nicht.
Peter Altenberg

Wirkliche Natürlichkeit und Vertrautheit gibt es nur in der leidenschaftlichen Liebe; denn bei jeder anderen bleibt die Möglichkeit eines erfolgreicheren Nebenbuhlers bestehen.
Stendhal

Die vertrautesten Bekanntschaften, Verbindungen und Freundschaften erfordern zu ihrer Erhaltung einen gewissen Grad gesitteten Wesens. Wenn Männer und Frauen oder ein Mann und seine Geliebte, welche die Nächte sowohl als auch die Tage miteinander zubringen, allen Anstand völlig beiseitesetzen, so wird ihre Vertraulichkeit bald in grobe Gemeinheit ausarten, die unfehlbar Ekel und Verachtung hervorbringen wird.

Philip Dormer Stanhope Earl of Chesterfield

Nicht die Geliebte, die entfernt ist, sondern Entfernung ist die Geliebte: Liebschaften und Verhältnisse der Männer

Die Frau empfindet es als Triumph, wenn sie der früheren Geliebten des Mannes begegnet; der Mann als Schmach, wenn ihm der frühere Geliebte seiner Frau erscheint.

Arthur Schnitzler

Er war von Natur aus monogam. Aber er bemerkte das erst bei seiner achtunddreißigsten Liebschaft.

Gabriel Laub

Es ist angenehm, der Liebhaber einer verheirateten Frau zu sein, weil sie abends nach Hause gehen muss.

André Roussin

Was ist eine Geliebte? Eine Frau, bei der man alles vergisst, was man sonst auswendig weiß, das heißt alle Fehler ihres Geschlechts.

Nicolas de Chamfort

Ein alter Liebhaber fürchtet oder verachtet einen neuen Rivalen je nach dem Charakter der Person, der er huldigt.

Jean de la Bruyère

Unschätzbarer Vorteil der Geliebten: Man kann mit ihr über alles sprechen. Versuch doch einmal, mit deiner Frau über die Fehler deiner Geliebten zu sprechen!

Gabriel Laub

Wenn man der Geliebten zu oft sagt, wie schön sie ist, besteht die Gefahr, dass sie Lust bekommt, es sich auch von andern sagen zu lassen.

Paul Léautaud

Du wirst deine Geliebte erst dann richtig beurteilen können, wenn du dich als denjenigen zu denken vermagst, der dein Nachfolger sein wird.

Arthur Schnitzler

Selbst eine völlig verschmähte Geliebte versetzt uns in Unruhe und weckt in unserem Herzen alle Zeichen der Leidenschaft, sobald wir merken, dass sie einen anderen Mann vorzieht.

Stendhal

Die Fehler der Geliebten sieht man erst, wenn man sie nicht mehr liebt.

François de La Rochefoucauld

Eine Geliebte, die bescheiden ist, nennt man Sparflamme.

Kuno Klaboschke

Eine Frau kann die Freundin eines Mannes nur in folgender Reihenfolge werden: zuerst seine Bekannte, dann seine Geliebte, dann seine Freundin.

Anton Tschechow

Zu meinen Geliebten, sagte er, stand ich in höchst verschiedenem Verhältnis: Die meisten waren mir gleichgültig, einige waren mir antipathisch; gehasst habe ich nur eine, die war die große Leidenschaft meines Lebens.

Arthur Schnitzler

Nicht um die Geliebte weine, die Du verloren – um die weine, die Dir geblieben sind!
Peter Altenberg

Das Verhältnis zur Geliebten steht unter beständigem Druck einer zweifachen Angst: der Angst, dass es enden, und der Angst, dass es dauern könnte.
Alfred Polgar

Der Mann von Welt muss Getränke mixen und seine Freundinnen auseinanderhalten können.
Maurice Chevalier

Wir betrachten die Geliebte als unser Eigentum, weil nur wir allein sie glücklich machen können.
Stendhal

Stets fürchtet man den Anblick der Geliebten, wenn man anderswo Abenteuern nachgegangen ist.
François de La Rochefoucauld

Eine unbekannte Geliebte hat freilich einen magischen Reiz.
Novalis

Eine Frau oder Geliebte lernt man in einer Stunde mit einer dritten Person besser kennen als mit sich in zwanzig.
Jean Paul

Von Frauen spricht man nicht. Man beschäftigt sich mit ihnen.
Napoleon Bonaparte

Die Schönheit einer Frau besteht in dem Grad des Verlangens, das sie bei einem Mann auslöst.
Italo Svevo

Was die Geliebte uns lieber macht, ist die Ausschweifung mit anderen Frauen. Was sie an sinnlicher Lust einbüßt, gewinnt sie an Anbetung.
Charles Baudelaire

So vertraut darfst du dich mit keiner Geliebten glauben, dass du ihr deine geheimsten Regungen gestehen würdest. Und wenn du es dennoch tust, so sei gewiss, dass sie sich rächen wird, entweder indem sie dir die ihren gleichfalls gesteht – oder indem sie sie dir verschweigt.
Arthur Schnitzler

Die vollkommene Geliebte ist ganz Gegenwart. Vergangenheit hat sie vergessen, Zukunft kümmert sie nicht.

Franz Blei

Die einen verführen und lassen sitzen; die andern heiraten und lassen liegen. Diese sind die Gewissenloseren.

Karl Kraus

Der Mann sucht in der Frau die Geliebte und findet im Glücksfalle die Mutter wieder.

Carl Ludwig Schleich

Es ist noch nicht entschieden, was törichter ist: seine Geliebte zu seiner Frau oder seine Frau zu seiner Geliebten zu machen.

Arthur Schnitzler

Nicht die Geliebte, die entfernt ist, sondern Entfernung ist die Geliebte.

Anton Kuh

Für viele Frauen ist der Geliebte ein Spiegel, in dem sie sich selbst bewundern: **Von Geliebten und Liebhabern**

Ob nicht jede Frau das natürliche Recht hat, einmal in ihrem Leben auch die Geliebte eines vollkommen schönen Mannes zu sein?

Arthur Schnitzler

In der ersten Liebe lieben die Frauen den Geliebten. In der zweiten lieben sie nur noch die Liebe.

François de La Rochefoucauld

Manche Frauen verteilen ihre Gaben zugleich an Klöster und Liebhaber: Buhlerisch und mildtätig wie sie sind, haben sie oft nahe am Altar Kirchenstuhl und Betplatz, wo sie Liebesbriefe lesen, ohne dass jemand bemerkt, dass sie nicht zu Gott beten.

Jean de la Bruyère

Es ist kein Kompliment für eine ungetreue Frau, wenn der Gatte glücklicher aussieht als der Liebhaber.

Nicolas de Chamfort

Eine Frau sollte einen prosaischen Gatten haben und sich einen romantischen Liebhaber nehmen

Stendhal

Warum sollte man einem Liebhaber treuer sein als einem Ehemann?

Jean-Jacques Rousseau

Schöne Mädchen geben ihren einst schlecht behandelten Liebhabern oft durch hässliche oder unwürdige Ehemänner eine zwar späte, aber ausreichende Genugtuung.

Jean de la Bruyère

Es bedarf in einem Hause nur einer zu Liebesabenteuern aufgelegten Frau, um es bekannt zu machen und um ihm den Rang der ersten Häuser zu verschaffen.

Charles-Louis de Montesquieu

Verlange nicht, dass dein Weib sehr schön sei, denn die meisten Schönen wünschen, sich Liebhaber zu halten.

Kabus

Einer Liebhaberin wird die Treue viel leichter als einer Gattin.

Jean Paul

Die Frau möchte an dem geliebten Mann nicht etwas bewundern, was ihr selbst fehlt, sondern was anderen Männern fehlt.

Sigmund Graff

Bescheidenheit ist eine Eigenschaft, welche die Frauen an einem Liebhaber mehr loben als lieben.

Richard Brinsley Sheridan

Frauen, die niemals eine Liebschaft gehabt haben, mag es geben. Frauen, die nur eine einzige gehabt haben, gibt es kaum.

François de La Rochefoucauld

Es gibt nur eine Tragödie im Leben der Frau: dass ihre Vergangenheit stets ihr Geliebter und ihre Zukunft stets ihr Mann ist.

Oscar Wilde

Für den ersten Geliebten ist der Gatte verantwortlich.

Fjodor Michailowitsch Dostojewski

Gipfel der Gattenliebe: wenn die Gattin sich nur solche Liebhaber nimmt, die dem Gatten ähneln.

Gabriel Laub

Die Weiber sind rechte Egoisten, indem man nur in ihr Interesse fällt, sofern sie uns lieben oder wir ihre Liebhaber machen oder sie uns Liebhaber wünschen. Eine ruhige, freie, absichtslose Teilnahme und Beurteilung fällt ganz außer ihrer Fähigkeit.
Johann Wolfgang von Goethe

Sowie Gott in Paris eine schöne Frau entstehen lässt, schickt der Teufel als Antwort einen Narren, der sie aushält.
Jules Barbey d'Aurevilly

Es gehört nicht viel Talent dazu, aus einer unverstandenen Frau eine einverstandene Frau zu machen.
Rolf Thiele

Von einem Freund erwartet man sich Beistand, von einem Geliebten Beischlaf.
Fritz P. Rinnhofer

Alle Frauen träumen von einem Casanova, den sie ganz allein für sich haben.
Marcello Mastroianni

Man nennt die erste Liebe einer Frau nur dann ein Verhältnis, wenn sie ein zweites hat.
François de La Rochefoucauld

Unbeständig ist eine Frau, die zu lieben aufhört; leichtfertig, die schon einen anderen liebt; flatterhaft, die nicht weiß, ob sie liebt und wen sie liebt; gleichgültig, die nichts liebt.

Jean de la Bruyère

Du ahnst gar nicht, in wie großer Gesellschaft du dich manchmal befindest, auch wenn du mit deiner Geliebten allein zu sein glaubst. Viele sind mit euch, von denen du nichts weißt: ihre vergangenen – viele, von denen sie selbst nichts weiß: ihre zukünftigen Liebhaber.

Arthur Schnitzler

Eine geistreiche Frau sagte mir ein Wort, das das Geheimnis ihres Geschlechts sein könnte: dass nämlich jede Frau, die einen Liebhaber nimmt, mehr darüber nachdenkt, wie andere Frauen diesen Menschen sehen, als wie er ihr selbst erscheint.

Nicolas de Chamfort

Man behält den ersten Geliebten lange, wenn man keinen zweiten nimmt.

François de La Rochefoucauld

Für viele Frauen ist der Geliebte ein Spiegel, in dem sie sich selbst bewundern.

Fernandel

Liebe ist wie Elektrizität: erst Starkstrom, dann Schwachstrom, zuletzt Wechselstrom: Phantasien über Treue und Eifersucht

Eifersucht ist eine Leidenschaft, die mit Eifer sucht, was Leiden schafft.

Friedrich Schleiermacher

Wenn man verliebt ist, fängt man immer damit an, sich selbst zu betrügen, und hört damit auf, andere zu betrügen. Das nennt die Welt eine Liebesgeschichte.

Oscar Wilde

Zirkeldefinition. Was ist Eifersucht? Ein Trick der Phantasie, sich ein Wesen so begehrenswert vorzustellen, wie es sein müsste, damit man es auch ohne Eifersucht begehrt.

Anton Kuh

Nicht Übermaß an Vertrauen, sondern Schwäche der Phantasie macht es dem Manne so schwer, an die Untreue eines geliebten Wesens zu glauben.

Arthur Schnitzler

Die Eifersucht macht den Mann dumm, lächerlich und setzt ihn in der Liebe und Achtung des Weibes herab; das Weib macht sie geistreicher, liebenswürdiger, und sie steigert die Empfindungen des Mannes.

Ludwig Börne

Die weibliche Eifersucht wird immer einige Tage älter als die weibliche Liebe.

Jean Paul

Die Eifersucht kann stolzen Frauen gefallen, weil sie eine neue Art ist, dem Manne ihre Macht zu zeigen.

Stendhal

Treue: eine Tugend, welche jenen eigentümlich ist, die wissen, dass sie bald betrogen werden.

Ambrose Bierce

Der Einwand, der Seitensprung, das fröhliche Misstrauen, die Spottlust sind Anzeichen der Gesundheit: Alles Unbedingte gehört in die Pathologie jenseits von Gut und Böse.

Friedrich Nietzsche

Ohne Not wird die bewacht, auf Untreu nie gedacht. Nur vergebens wird bewacht, die auf Untreu hat gedacht.

Friedrich von Logau

Frauen lieben die Besiegten, aber sie betrügen sie mit
dem Sieger.
Tennessee Williams

Das höchste aber von allen Gütern ist der Frauen Schönheit. Der Frauen Treue gilt noch höhern Preis.
Friedrich von Schiller

Eifersucht überdauert oft die Liebe. Eigentlich hat man
erst aufgehört zu lieben, wenn man sich nicht mehr dafür
interessiert, bei wem sie sich tröstet.
Ludwig Reiners

Eifersüchtig sein bedeutet gleichzeitig: den Gipfel der Ich-
sucht, den Bankrott der Selbstachtung und die Erregung
einer falschen Eitelkeit.
Honoré de Balzac

Der Eifersüchtige ereifert sich weniger über den Verlust
seiner Geliebten als darüber, dass ein anderer ihm vorge-
zogen wird.
Paul Rée

Eifersucht ist die schmerzvolle Überschätzung einer Leih-
gabe, die wir als Besitz behandeln.
Hans Arndt

Frauen halten die Treue nur deshalb, weil sie gar keine besondere Lust haben, sie zu brechen.

William Somerset Maugham

Es gibt keine erotische Beziehung, in der von den Liebenden die Wahrheit nicht immer gefühlt und nicht immer wieder jede Lüge geglaubt würde.

Arthur Schnitzler

Man ist nie eifersüchtiger, als wenn man in der Liebe anfängt zu erkalten. Man traut dann der Geliebten nicht mehr, weil man dunkel fühlt, wie wenig einem selbst mehr zu trauen ist.

Franz Grillparzer

Eine kluge Frau fragt nicht, wo ihr Mann gewesen ist; eine kluge Frau weiß es.

Marcel Achard

Eine Frau kann übersehen, dass ihr Mann ein geschätzter Fachmann oder ein bedeutender Philosoph ist, nicht aber ein fremdes Haar auf seinem Pyjama!

Gabriel Laub

Drei Klassen von Narren: die Männer aus Hochmut, die Mädchen aus Liebe, die Frauen aus Eifersucht.
Johann Wolfgang von Goethe

Bei der Eifersucht zeigt sich mehr Eigenliebe als Liebe.
François de La Rochefoucauld

Man mag nur die Eifersucht des Mannes, auf den man selbst eifersüchtig sein könnte:
Bei Frauen sind Männer (fast) immer Konkurrenten

Die Eifersucht eines langweiligen Liebhabers dürfte nur Abscheu einflößen, der sich bis zum Hass steigern kann, wenn der beargwöhnte Teil liebenswerter ist als der eifersüchtige.
Stendhal

Eifersucht ist der Tod der Liebe.
Pedro Calderón de la Barca

Die Eifersucht ist das größte Übel und erweckt doch gerade bei den Menschen, die es verursachen, am wenigsten Mitleid.
François de La Rochefoucauld

Eifersüchtig – unziemlich besorgt über die Bewahrung von etwas, das man nur verlieren kann, wenn es das Behalten nicht lohnt.

Ambrose Bierce

Zwei Männer mögen wegen einer Frau in einen noch so erbitterten Streit geraten sein, es kommt immer der Augenblick, in dem sie nahe daran sind, einander – wie über einen Abgrund – die Hände zu reichen.

Arthur Schnitzler

Der Ehrsüchtige bedauert es, wenn sein Rivale aus dem Wettbewerb ausscheidet, denn dieser Mann könnte die Unverschämtheit haben, in seinem Herzen zu denken: Ich hätte ihn doch besiegt, wenn ich mich länger darum bemüht hätte.

Stendhal

Liebe ist wie Elektrizität: erst Starkstrom, dann Schwachstrom, zuletzt Wechselstrom.

Jacques Tati

VIII. Der Hauptgrund für alle Scheidungen ist und bleibt die Hochzeit
Vom Wesen der Ehe und deren Vor- und Nachteilen

Wenn man verheiratet ist, ist's aus und vorbei mit dem Eigenwillen
Die Ehe »an sich«

Zum Heiraten gehört jene Verblendung, um von der Zukunft nicht mehr zu wissen als das Tier.
Peter Altenberg

Die eigentliche Grundlage der Ehe ist tiefes Einander-Missverstehen.
Oscar Wilde

Manche Ehe ist ein Todesurteil, das jahrelang vollstreckt wird.
August Strindberg

Der Zank ist das Band vieler bürgerlicher Ehen.
Stendhal

Die Musik bei einem Hochzeitszug erinnert mich immer an die Musik von Soldaten, die in den Krieg ziehen.
Heinrich Heine

Die Heirat ist die einzige lebenslängliche Verurteilung, bei der man auf Grund schlechter Führung begnadigt werden kann.

Alfred Hitchcock

Man tut sich zu zweit zusammen, um Probleme zu umgehen, die man als Einzelner gar nicht hätte.

Woody Allen

Eine Ehe ist wie ein Restaurantbesuch: Man denkt immer, man hat das Beste gewählt, bis man sieht, was der Nachbar bekommt.

Bernd Stelter

Man soll immer von Liebesgedanken erfüllt sein. Dies ist der Grund, warum man nicht heiraten sollte.

Oscar Wilde

Heiraten tut nicht halb so weh wie Alleinsein.

John Knittel

Die glücklichste Ehe, die ich mir für mich ausmalen oder vorstellen kann, wäre die Vereinigung eines tauben Mannes mit einer blinden Frau.

Samuel Coleridge

Die unglücklichsten Ehepaare: wenn er dumm ist und sie es einsieht.
Alexander Roda Roda

Die Ehe ist eine polizeilich anerkannte Freundschaft.
Robert Louis Stevenson

Die Ehe ist recht dazu gemacht, die Flügel der Einbildungskraft zu beschneiden und uns auf die Erde zu bringen.
Theodor Gottlieb von Hippel

Die hauptsächlichste Gefahr der Ehe liegt darin, dass man selbstlos wird. Selbstlose Leute sind farblos.
Oscar Wilde

Wenn es möglich wäre, Ehen im ersten Jahr unauffällig zu lösen, würde von fünfzig Paaren kein einziges beisammenbleiben.
William Somerset Maugham

Das Glück mancher Ehe beruht auf einer alten Weisheit: Was man nur ahnt, das weiß man noch lange nicht.
Max Pallenberg

Die Ehe ist das teuerste Verfahren, seine Wäsche umsonst gewaschen zu bekommen.
Franklin P. Jones

Ein einziger abendlicher Stromausfall stiftet mehr Ehen als alle Eheanbahnungsinstitute im ganzen Land.
Peter Sellers

Es gibt keine harmonischere Ehe als die zwischen Illusionen und Ignoranz.
Peter Bamm

Die Ehe ist ein Spielplan mit gleichbleibendem Repertoire. Folglich sollte man wenigstens die Inszenierung ändern.
Federico Fellini

Die Ehe ist und bleibt die wichtigste Entdeckungsreise, die der Mensch unternehmen kann.
Sören Kierkegaard

Es ist das Geheimnis einer guten Ehe, einer Serienaufführung immer wieder Premierenstimmung zu geben.
Max Ophüls

Ehe: eine Hölle bei gemeinsamem Schlafzimmer; bei getrennten Schlafzimmern ist sie nur noch ein Fegefeuer; ohne Zusammenwohnen wäre sie vielleicht das Paradies.
Henry de Montherlant

Die Ehe ist wie ein Bad: Je länger man darin liegt, desto kühler wird es.
Richard Harris

Grundsätzlich gesehen ist die Ehe eine Notkonstruktion, durch die ein Ort geschaffen werden soll, an dem der Versuch, gegensätzliche Ideen oder Triebe zu versöhnen, Aussicht hat, sich annähernd zu verwirklichen. Wenn die Kirche die Ehe zum Sakrament macht, will sie den Zwang schaffen, ohne den dem Versuch die Zeit fehlt, die er braucht, um zum Erfolg zu führen.
Otto Flake

Das Wort »Ehe« ist eigentlich eine Abkürzung und kommt aus dem Lateinischen: »Erare humanum est«.
Robert Lembke

Wer die Einsamkeit fürchtet, sollte nicht heiraten.
Arthur Miller

Man hat immer etwas Nötigeres zu tun, als sich zu verheiraten.
Friedrich Nietzsche

Ehe ist das Beieinander zweier übler Launen bei Tag und zweier übler Gerüche bei Nacht.
Charles Maurice de Talleyrand

Wenn man verheiratet ist, ist's aus und vorbei mit dem Eigenwillen.
Berthold Auerbach

Der Mann erträgt die Ehe aus Liebe zur Frau.
Die Frau erträgt den Mann
aus Liebe zur Ehe.
Die Bedeutung der Ehe für Mann und Frau

Die Frauen sind wunderbar praktisch. Viel praktischer als wir. In solchen Situationen vergessen wir oft, etwas vom Heiraten zu sagen, aber sie erinnern uns immer daran.
Oscar Wilde

Was Männer und Frauen im Himmel tun, wissen wir nicht; sicher ist nur, dass sie sich nicht heiraten.
Jonathan Swift

Frauen über zwanzig verheiratet die Liebe, über dreißig die Erfahrung, über vierzig das Schicksal, über fünfzig die Neurose, über sechzig die Rente.
Hans Arndt

Ein eigenes Unglück hat manches Mädchen: Sie wurde von ihrem Mann statt verlassen geheiratet.
Otto Weiss

Viele verheiratete Frauen lassen sich nur deshalb nicht entführen, weil sie ihrem Mann diese Freude nicht gönnen.
Jean-Marie Bouloux

Männer heiraten, weil sie müde sind. Frauen weil sie neugierig sind. Beide werden enttäuscht.
Oscar Wilde

Richtig verheiratet ist nur der Mann, der jedes Wort versteht, das seine Frau nicht gesagt hat.
Alfred Hitchcock

Wenn eine Freundin zu teuer wird, ist es Zeit, sie zu heiraten.
Peter Sellers

Ehefrau: die Steuer, die man für den Luxus zahlen muss, Kinder zu haben.

Gabriel Laub

Das Einzige, was sich an einer Frau in der Ehe ändert, ist ihr Name.

Frank Sinatra

Die Frau nimmt in der Ehe den Namen des Mannes an, so wie ein Sieger den Namen der Schlacht annimmt, die er gewonnen hat.

Moritz Gottlieb Saphir

Die Trauung ist eine Zeremonie, bei der Ringe angelegt werden: am Finger der Frau und an der Nase des Mannes.

Herbert Spencer

Die Frau hat sich im Grunde wenig geändert. Sie trägt zwar Minirock und Hot Pants und sitzt auf dem Motorrad hinter einem langmähnigen jungen Mann, aber wenn sie ihn geheiratet hat, zwingt sie ihn, sich die Haare schneiden zu lassen und zur Arbeit zu gehen.

Henry Miller

Der gute Ehemann schließt zugunsten seiner Frau eine Lebensversicherung ab. Der vorbildliche Ehemann sorgt dafür, dass der Versicherungsfall auch wirklich eintritt.

George Bernard Shaw

Keine Frau schließt eine Ehe aus Berechnung. Alle haben das Glück, sich, ehe sie einen Millionär heiraten, in ihn zu verlieben.

Cesare Pavese

Viele Damen wären bessere Ehefrauen, wenn sie darauf verzichten würden, aus ihrem Mann einen besseren Gatten machen zu wollen.

Mark Twain

Manchen Ehemännern genügt es vollkommen, wenn die Frau nur da ist, wie ein Stück Möbel.

John Knittel

Man kann Liebhaber eines Weibes sein, das ein Buch geschrieben hat, aber Ehemann ist man besser von solchen, die Suppen, Hemden, Strümpfe oder Menschen liefern.

Karl Julius Weber

Die Ehe ist ein Vertrag, bei dem der Mann auf die Hälfte seiner Lebensmittel verzichtet, damit man ihm die andere Hälfte kocht.

Franklin P. Jones

Wer nicht durch das Ehejoch gekrochen ist, kennt die Tugend der Geduld nur halb, welche die Weiber besser lehren als selbst lernen.

Karl Julius Weber

Warum, so fragte ich mich schon oft, verlieben sich so viele Mädchen in jene Manieren eines Mannes, die er in der Ehe ablegen wird.

Otto Weiss

Nach zwanzig Jahren Ehe glaube ich, eine leise Ahnung davon zu haben, was Frauen wollen: Schokolade und Konversation.

Mel Gibson

Ehemann zu sein ist ein Job, der den ganzen Mann beansprucht. Wer daneben arbeitet, hat es schwer.

Henry Fonda

Eine jegliche Person in der Ehe soll ihr Amt tun, das ihr gebührt. Der Mann soll erwerben, das Weib aber soll ersparen.

Martin Luther

Mancher Mann, der in ein Grübchen verliebt ist, begeht den Fehler, das ganze Mädchen zu heiraten.

Stephen Butler Leacock

Man soll nur schöne Frauen heiraten. Sonst hat man keine Aussicht, sie wieder loszuwerden.

Danny Kaye

Eine Frau muss schweigen können. Eine Ehe ohne Schweigen ist wie ein Auto ohne Bremsen.

Charles Aznavour

Er heiratete sie, weil er sie liebte. Sie liebte ihn, weil er sie heiratete.

Jean Paul

Es ist Sache der Frau, so früh wie möglich zu heiraten. Die Aufgabe des Mannes ist es, solange unverheiratet zu bleiben, wie er kann.

George Bernard Shaw

Das Weib wird durch die Ehe frei; der Mann verliert dadurch seine Freiheit.
Immanuel Kant

Der Mann erträgt die Ehe aus Liebe zur Frau. Die Frau erträgt den Mann aus Liebe zur Ehe.
Gabriel Laub

Viele Verlobungen enden glücklich.
Aber einige führen doch zur Ehe:
Die Ehe als Martyrium

Es ist schon komisch, dass ein Mann, der sich um nichts auf der Welt Sorgen machen muss, hingeht und eine Frau heiratet.
Robert Lee Frost

Das Glück des verheirateten Mannes besteht aus den vielen Frauen, die er nicht geheiratet hat.
Oscar Wilde

Viele Männer wissen genau, wann und wo sie geheiratet haben. Aber sie haben vergessen, warum.
Robert Lembke

Manche Ehemänner halten es für einen unglücklichen Zufall, dass sie und ihre Frau am selben Tag geheiratet haben.

Peter Sellers

Der Ehemann ist seiner Frau ausgeliefert auf Geweih und Verderb.

Alexander Roda Roda

Im ersten Ehejahr strebt der Mann die Vorherrschaft an. Im zweiten kämpft er um Gleichberechtigung. Im dritten ringt er um die nackte Existenz.

George Bernard Shaw

Was ist das Erste, was ein kleines Mädchen tut, wenn es einen Papagei gekauft hat? Nicht wahr, sie sperrt ihn in einen schönen Käfig ein, aus dem er nicht ohne ihre Erlaubnis herauskommen kann. Dieses Kind lehrt dich, was deine Pflicht ist (als Ehemann).

Honoré de Balzac

Männer, die behaupten, sie seien die uneingeschränkten Herren im Haus, lügen auch bei anderen Gelegenheiten.

Mark Twain

Frauen heiraten am liebsten einen großen Mann, weil es sie besonders reizt, ihn kleinzukriegen.
Maurice Chevalier

Es gibt zwei Perioden, in denen ein Mann eine Frau nicht versteht: vor der Hochzeit und nach der Hochzeit.
Robert Lembke

Ich glaube nicht, dass verheiratete Männer länger leben als Frauen. Es kommt ihnen nur länger vor.
Peter Ustinov

Die schrecklichste Waffe der Weiber ist ihr Talent, einem mit den unscheinbarsten Mitteln das Leben sauer zu machen.
Karl Heinrich Waggerl

Viele Ehemänner sind wie erfolglose Patrouillengänger: Sie haben nichts zu melden.
Gunther Philipp

Es ist mit jeder Frau anstrengend, verheiratet zu sein.
Richard Lugner

Männer glauben, das Lächeln auf dem Gesicht der Braut sei Glück, in Wahrheit ist es Triumph.

Robert Lembke

Schwerlich hat je ein Mann bereut, irgendeine Frau nicht geheiratet zu haben.

Jean Paul

Für die Frau ist die Ehe immer ein Lotteriespiel. Für den Mann beginnt mit der Heirat der unwiderrufliche Abstieg.

Frank Sinatra

Viele Verlobungen enden glücklich. Aber einige führen doch zur Ehe.

Robert Lembke

Die zweite Ehe ist der Triumph der
Hoffnung über die Erfahrung:
Nach der Scheidung ist vor der Ehe

Erst im Laufe der Zeit lernen sich manche Eheleute so gut verstehen, dass es zur Scheidung kommt.

Otto Weiss

Das Hauptmotiv für den Ehebruch ist das Verlangen nach dem unverbindlichen, ja dem anonymen Urerlebnis.

Otto Flake

Nach längerer Gewöhnung an die Ehe werden eines Tages die Frauen wieder Mädchen – nur dass sie nicht mehr auf eine Hochzeit warten.

Moritz Heimann

Die Statistik besagt, dass mehr als die Hälfte aller Ehen geschieden werden. Und mit dem Großteil des Restes möchte ich auch nicht tauschen. Ich habe Freunde, da wohnen die geschiedenen Frauen in ihren Häusern und sie selbst zur Untermiete.

Dietrich Mateschitz

Am Ehebruch scheitern weniger Ehen als an Szenen und zugeschlagenen Türen, an der Hemdsärmeligkeit des Mannes und den ungepflegten Haaren der Frau.

Oswald Bumke

Heute ist eine Ehe schon glücklich, wenn man dreimal die Scheidung verschiebt.

Danny Kaye

Ich habe in meinen beiden früheren Ehen Pech gehabt.
Die erste Frau verließ mich, die zweite tat es nicht.

Woody Allen

Ich getraue mir zu behaupten, dass die Männer und nicht
die Weiber an den meisten unglücklichen Ehen schuld
sind.

Theodor Gottlieb von Hippel

Heutzutage ist es für einen Ehemann höchst gefährlich,
seiner Frau in der Öffentlichkeit zu viel Aufmerksamkeit zu
schenken. Es führt dazu, dass die Leute glauben, er schlägt
sie zu Hause.

Oscar Wilde

Es gibt Eheleute, die ihr Glück auswärts suchen, und in
ihrem Hause liegt es aufgebahrt, scheintot. Auferstehen
würde es durch den Ruf eines einzigen liebevollen Wortes,
aber dieses Wort wird nicht gesprochen.

Peter Rosegger

Die zweite Ehe ist der Triumph der Hoffnung über die Erfahrung.

Samuel Johnson

Das Geheimnis einer glücklichen Ehe liegt darin, dass man einander verzeiht, sich gegenseitig geheiratet zu haben
Glücklich trotz Ehe

Was Glück ist, weiß man erst, wenn man geheiratet hat. Und dann ist es zu spät.
Peter Sellers

Es ist einfach ein ungeheures Glück, um nicht zu sagen eine Vorsehung, wenn alles, was zu einer Ehe gehört, auch die animalische Seite, noch funktioniert.
Joachim Fuchsberger

Meiner Frau ist es gleichgültig, was ich ohne sie mache, solange ich mich dabei nicht amüsiere.
Jerry Seinfeld

Einige Leute fragen nach dem Geheimnis unserer immer noch glücklichen Ehe. Wir nehmen uns zweimal in der Woche Zeit, gut essen zu gehen, zu tanzen, für ein paar Zärtlichkeiten. Sie dienstags, ich freitags.
Henny Youngman

Neid habe ich nie gekannt, abgesehen davon, dass ich Menschen beneidet habe, denen es gelang, glücklich verheiratet zu sein.

Jean Paul Getty

Die glücklichste Ehefrau ist nicht die, die den besten Mann geheiratet hat, sondern die, die aus dem Mann, den sie geheiratet hat, den besten Ehemann gemacht hat.

André Maurois

Weißt du, was es bedeutet, nach Hause zu kommen, zu einer Frau, die dich liebt, die zärtlich zu dir ist und auch leidenschaftlich? Es bedeutet: Du bist in einer fremden Wohnung gelandet!

George Burns

Ich publizierte eine Anzeige, um eine Gattin anzupeilen, und erhielt tausendfünfhundert Offerten von Männern, die mir die ihre anboten.

Dino Segre

Eine Ehe ohne die Würze kleiner Misshelligkeiten wäre fast so etwas wie ein Gedicht ohne »r«.

Georg Christoph Lichtenberg

Hinter einer langen Ehe steht immer eine sehr kluge Frau.
Ephraim Kishon

Die Männer sind Bestien. Darum ist es höchst wichtig, die Kerle gut zu füttern.
Oscar Wilde

Nicht der Mangel der Liebe, sondern der Mangel der Freundschaft macht die unglücklichen Ehen.
Friedrich Nietzsche

Das Geheimnis einer glücklichen Ehe liegt darin, dass man einander verzeiht, sich gegenseitig geheiratet zu haben.
Sacha Guitry

Gute Ehemänner bleiben ihren Frauen treu, auch wenn sie mit anderen schlafen: **Ehe und Sex**

Die Ehe ist eine Institution zur Lähmung des Geschlechtstriebs.
Gottfried Benn

Gattentreue: eine perverse Neigung, die sich zu der eigenen Ehefrau verirrt hat.

Ambrose Bierce

Auch monogame Beziehungen können höchst unmoralisch sein.

Hugh Hefner

Eheliche Liebe pflanzt das menschliche Geschlecht fort, freundschaftliche Liebe veredelt, aber wollüstige Liebe vergiftet und erniedrigt es.

Francis Bacon

Für einen Ehemann ist es riskant, zu spät nach Hause zu kommen. Manchmal ist es aber noch riskanter, zu früh nach Hause zu kommen.

Marcel Achard

Die Ehe ist der Sonderfall eines Abonnements, das mehr Geld kostet, als wenn man einzeln zahlen müsste.

Gabriel Laub

Die Ehe ist die verlogenste Form des Geschlechtsverkehrs, und eben deshalb hat sie das gute Gewissen auf ihrer Seite.

Friedrich Nietzsche

Da die Kirche die Liebe nicht unterdrücken konnte, hat sie sie zumindest desinfizieren wollen, und darum die Ehe eingesetzt.
Charles Baudelaire

Ehefrau = eine ehe-malige Geliebte.
Henry Louis Mencken

Ehe ist Arznei für Hurerei.
Martin Luther

Gute Ehemänner bleiben ihren Frauen treu, auch wenn sie mit anderen schlafen.
Gabriel Laub

Die Liebe ist eine Gemütskrankheit, die durch die Ehe oft schnell geheilt werden kann:
Ehe und Liebe

Verliebte gehen aufeinander zu, sie treffen einander; Verheiratete sind parallel ausgerichtet; sie begegnen einander erst wieder bei Scheidung oder Tod.
Martin Kessel

Ob zwei verheiratet sind, hast du bald heraus. Gehen sie miteinander ins Wasser, dann sind sie ein Liebespaar. Geht er allein, und sie allein, dann sind sie verheiratet. Ruft er ihr nach »Schwimm aber nicht zu weit hinaus«, dann sind sie's noch nicht lange.

Alfred Polgar

Liebe macht blind, aber nicht taub – daran ist schon manche hoffnungsvolle Beziehung gescheitert.

Georg Bernhard Shaw

Wahre Liebe ist heutzutage, wenn der junge Ehemann isst, was die junge Ehefrau kocht.

Etienne Lagarde

Die Liebe ist eine Gemütskrankheit, die durch die Ehe oft schnell geheilt werden kann.

Sacha Guitry

Den idealen Gatten gibt es nicht.
Der ideale Gatte bleibt ledig:
Die Weisheit der Junggesellen

Ein Junggeselle ist ein Mann, der nur ein einziges Problem hat – und das ist lösbar.

Woody Allen

Ein Single ist jemand, der gelernt hat, die Erfahrungen anderer zu berücksichtigen.

Udo Jürgens

Ein Junggeselle ist ein Mann, der lieber Socken stopft als Mäuler.

Mario Adorf

Junggeselle: ein Mann, den die Frauen noch ausprobieren.

Ambrose Bierce

Junggesellen sind für Frauen so etwas wie Feldherren, die noch keine Schlacht verloren haben.

Maurice Chevalier

Junggesellen sind Männer, die viele Dinge suchen, vor allem aber das Weite.

Georg Thomalla

Ein Junggeselle ist ein Mann, der nicht gleich ein Bergwerk kauft, wenn er einen Eimer Kohle haben möchte.

Peter Sellers

Junggesellen wissen mehr über Frauen als Ehemänner. Wenn das nicht so wäre, wären sie auch verheiratet.

Robert Lembke

Ehemänner leben länger als Junggesellen, das ist ihre Strafe.

Jerry Lewis

Ein Junggeselle ist ein Mann, der sich lieber besteuern als steuern lässt.

Mario Adorf

Den idealen Gatten gibt es nicht. Der ideale Gatte bleibt ledig.

Oscar Wilde

IX. Die Frau ist für einen Mann geschaffen, der Mann für das Leben und zumal für alle Frauen
Die Bedeutung von Liebe und Sex für die Geschlechter

Eine »grande passion« ist das Vorrecht aller Leute, die nichts zu tun haben
Vom Wesen der Liebe an sich

Die Liebe leiht ihren Namen einer unendlichen Menge von Verhältnissen, die man ihr zuschreibt und an denen sie nicht mehr teilhat als der Doge an dem, was in Venedig geschieht.

François de La Rochefoucauld

Die Liebe ist wie eine Lebensversicherung. Je später man eintritt, desto höher sind die Prämien.

Sacha Guitry

In einer Liebe suchen die meisten ewige Heimat. Andere, sehr wenige aber, das ewige Reisen. Diese Letzten sind Melancholiker, die die Berührung mit der Muttererde zu scheuen haben. Wer die Schwermut der Heimat von ihnen fernhielte, den suchen sie. Dem halten sie Treue.

Walter Benjamin

Mit der wahren Liebe ist es wie mit Gespenstererscheinungen: Alle Welt spricht davon, aber wenige haben sie gesehen.

François de La Rochefoucauld

Die Phantasie braucht Ferne, um einen Gegenstand vergrößert zu sehen. Je unzugänglicher, undurchdringlicher ihr ein Mensch ist, desto mehr weiß sie mit ihm zu beginnen. Infolgedessen erhebt sich der von beiden als der Besiegte vom Liebeslager, dem der andere fernblieb. Der Ferngebliebene verlässt es als Sieger.

Anton Kuh

Liebe ist der Entschluss, das Ganze eines Menschen zu bejahen, die Einzelheiten mögen sein, wie sie wollen.

Otto Flake

Platonische Liebe ist vegetarischer Sex.

Karl Weigand

Wenn es eine reine Liebe, frei von jeder Beimischung anderer Leidenschaften gibt, so ist sie verborgen im Grund unseres Herzens, und wir kennen sie nicht.

François de La Rochefoucauld

Für Männer ist die Liebe in der Regel nur eine Episode, die sich in die anderen Begebenheiten des Tages einfügt, und die Betonung, die man ihr in Romanen gibt, verleiht ihr eine Wichtigkeit, die sie im Leben nicht hat. Es gibt nur wenige Männer, für die die Liebe das Höchste in der Welt ist, und diese sind gewiss nicht die interessantesten.

William Somerset Maugham

Du wirst immer geliebt werden, und du wirst immer in die Liebe verliebt sein. Eine »grande passion« ist das Vorrecht aller Leute, die nichts zu tun haben.
Oscar Wilde

Die Bestimmung der Frau und ihr einziger
Ruhm liegt darin, das Herz der Männer
schlagen zu lassen:
Die Liebe ist die Welt der Frau

Die Frau ist für einen Mann geschaffen, der Mann für das Leben und zumal für alle Frauen.
Henry de Montherland

Das Weib lebt nur, wenn es liebt; es findet sich erst, wenn es sich in einen Mann verliert.
Ludwig Börne

Nur das Weib weiß, was Liebe ist, in Wonne und Verzweiflung. Bei dem Manne bleibt sie zum Teil Phantasie, Stolz, Habsucht.
Karl Leberecht Immermann

Liebe einzuflößen ist das unaufhörliche Bestreben der Weiber.

Ludwig Börne

Frauen finden nichts an der Freundschaft, weil sie schal schmeckt nach der Liebe.

François de La Rochefoucauld

Wo nicht Liebe oder Hass mitspielt, spielt das Weib mittelmäßig.

Friedrich Nietzsche

Die Mission der Frau ist: des Mannes Herz zu erquicken. Von ihm beschützt und ernährt, nährt sie ihn mit Liebe. Die Liebe ist ihre Arbeit und eigentlich die einzige, die sie zu verrichten hat.

Jules Michelet

Die Natur rüstet das weibliche Geschlecht zur Liebe, nicht zu Gewaltseligkeiten aus; es soll Zärtlichkeit, nicht Furcht erwecken; nur seine Reize sollen es mächtig machen; nur durch Liebkosungen soll es herrschen und soll nicht mehr beherrschen wollen, als es genießen kann.

Gotthold Ephraim Lessing

Welche Mission hat die Frau? Zum Ersten, zu lieben, zweitens, einen Einzigen zu lieben, und drittens, immer zu lieben.

Jules Michelet

Männer wollen immer die erste Liebe einer Frau sein, Frauen sind gerne der letzte Roman eines Mannes.

Oscar Wilde

Eine Frau ist nicht immer glücklich mit dem, den sie liebt. Aber sie ist immer unglücklich mit dem, den sie nicht liebt.

Claude Tillier

Frauen erinnern sich immer noch an den ersten Kuss, wenn der Mann den letzten schon vergessen hat.

Rémy de Gourmont

Liebe ist die Geschichte der Verfolgung des Mannes durch die Frau.

George Bernard Shaw

An allen Geschäften des Lebens ist das Weib mit seinem Geschlecht beteiligt. Zuweilen selbst an der Liebe.

Karl Kraus

Die Frauen vermögen andere Menschen nur durch das Medium der Liebe oder das der Entfernung zu sehen und zu begreifen.

Arthur Schnitzler

Es ist kein Weib so spröd im weiten Weltenrund, das nicht nach Liebe lechzt im tiefsten Herzensgrund.

Carl Spitteler

Die Frau will lieben, der Mann will sein.

Henry de Montherlant

Die Bestimmung der Frau und ihr einziger Ruhm liegt darin, das Herz der Männer schlagen zu lassen.

Honoré de Balzac

Ein Mann kann mit jeder Frau glücklich werden, solange er sie nicht liebt:
Männer und Sex

Der einzige Unterschied zwischen einer Laune und einer lebenslänglichen Leidenschaft ist der, dass die Laune ein bisschen länger dauert.

Oscar Wilde

Wer ein lebenslängliches Glück mit einem schönen Weibe wünscht, gleicht dem Trinker, der den Geschmack des Weines dadurch dauernd zu genießen sucht, dass er seinen Mund immer voll davon behält.

George Bernard Shaw

Je mehr sich ein Weib dem Manne hingibt, desto enger hängt sich ihr Herz an ihn, während oft umgekehrt das des Mannes sich desto mehr ablöst.

Jean de La Bruyère

Die Liebe ist bei den Frauen eine Himmelsleiter, bei den Männern ist sie zuerst eine Sturmleiter hinauf, dann die Feuerleiter, auf der man sich in Sicherheit bringt.

Moritz Gottlieb Saphir

Die Liebe ist die Antwort; doch während man auf die Antwort wartet, wirft der Sex einige ziemlich gute Fragen auf.

Woody Allen

Mit einem Weibe, das man begehrt, kann man sich nicht eher befreunden, als man es besitzt.

Karl Heinrich Waggerl

Sobald ein Weib uns gehört, sind wir ihm nicht mehr untertan.

Michel de Montaigne

Jede schöne Paarung ist ein Lustmord am Reiz der Distanz.

Anton Kuh

Wer die Frauen im Allgemeinen liebt, sollte aufpassen, nicht einer speziell zu verfallen.

Stendhal

Wenn Sie mein werden, so verliere ich, eben dadurch, dass ich Sie dann besitze, Sie, die ich ehre.

Jean-Jacques Rousseau

Sie, die Frauen, finden oft das Glück in den Armen des Mannes, den sie anbeten. Wir dagegen finden es selbst an der Seite einer willigen Frau, die uns missfällt.

Denis Diderot

Frau: ein gut gedeckter Tisch, den man vor und nach dem Mahl mit anderen Augen sieht.

Honoré de Balzac

Die Männer, welche Wert auf Weiber legen, tun dies leider meist der Leiber wegen.

Erich Mühsam

Idealisten wollen das Herz einer Frau erobern, Realisten zielen etwas tiefer.

Peter Sellers

Die Liebe ist eine so schöne Sache, dass man sie nicht den Verliebten allein überlassen darf.

Henry Miller

Liebe ist ein Vorbeugungsmittel gegen Lungenkrebs: Während des Liebesaktes raucht man nicht.

Gabriel Laub

Platonische Liebe kommt mir vor wie ein ewiges Zielen und Niemals-Losdrücken.

Wilhelm Busch

Das Einzige, was Männer gerne mit den Frauen teilen, ist das Bett.

Reinhold Stecher

Sex ohne Liebe ist eine leere Erfahrung. Aber von allen leeren Erfahrungen ist es die beste.
Woody Allen

Ältere Damen sind am besten, denn sie denken immer, sie würden es zum letzten Mal machen.
Ian Fleming

Tänzerinnen haben die Sexualität in den Beinen, Tenöre im Kehlkopf. Darum täuschen sich die Frauen in den Tenören und die Männer in den Tänzerinnen.
Karl Kraus

Die Wollust ist die Prämie der Natur für die Mühen von Zeugungen und Geburt.
Sigmund Freud

Ein glühender Liebhaber war er nur, wenn er nicht liebte.
Arthur Schnitzler

Die Liebe der meisten Männer ist nichts als eine Huldigung, welche sie sich selbst bringen.
Karl Gutzkow

Essen und Beischlaf sind die beiden großen Begierden des Mannes.

Konfuzius

Jahrhunderte katholischer Erziehung haben im italienischen Mann eine enorme, nie zu stillende Gier nach dem Weib ausgelöst.

Federico Fellini

Der sichere Weg zur Impotenz ist die eheliche Treue.

Napoleon Bonaparte

Wenn die Männer ihren Verstand beisammenhaben, dann beschäftigen sie sich mit ihren eigenen Angelegenheiten und sind unerträgliche Egoisten. Wenn die Männer den Verstand verlieren, dann verlieben sie sich.

Peter Bamm

Das Geheimnis meines Erfolges bei Frauen ist einfach: Ich habe die Frauen geliebt. Und Frauen lieben es, geliebt zu werden.

Arthur Rubinstein

Es gibt zwei Sorten von Frauen auf der Welt, vor denen man sich um jeden Preis hüten muss: solche, die uns lieben, und solche, die uns nicht lieben. Aber die vielen tausend übrigen sind wirklich köstlich!

Erich von Stroheim

Warum sind eigentlich die Frauen, die man liebt, so flatterhaft, und die, von denen man geliebt wird, so unglaublich sesshaft?

George Bernard Shaw

Eine Frau weiß nicht immer, warum sie liebt. Dagegen kommt es selten vor, dass ein Mann bei seiner Liebe kein Interesse verfolgt.

Honoré de Balzac

Ein Mann hat immer Angst vor einer Frau, die ihn zu sehr liebt.

Bertolt Brecht

Der Mann begehrt die Frau nicht, weil er sie schön findet; er wünscht, dass sie schön sei, um sein Begehren zu rechtfertigen.

Henry de Montherlant

Ist die Lust gestillt, so hat weder der Mann diese Frau noch die Frau diesen Mann mehr nötig.

Jean-Jacques Rousseau

Die Frauen sind die besten, mit denen man am wenigsten spricht.

Karl Kraus

Sex ohne Liebe ist besser als gar kein Sex.

Hugh Hefner

Ein Mann kann mit jeder Frau glücklich werden, solange er sie nicht liebt.

Oscar Wilde

Sex und Lust gehören den Frauen:
Die Lust der Frau – auch ohne Liebe?

Wenn man einer Frau es ununterbrochen mitteilt, wie wunderbar schön sie sei, ist sie so befriedigt, dass sie gar nicht mehr befriedigt werden will.

Peter Altenberg

Das eben ist der Unterschied der Geschlechter: Die Männer fallen nicht immer auf einen kleinen Mund herein, aber die Weiber immer auf eine große Nase.

Karl Kraus

Die Frauen sind sinnlicher als die Männer, aber sie wissen weniger um ihre Sinnlichkeit.

Friedrich Nietzsche

Wenn Frauen nicht mehr wissen, was sie tun sollen, ziehen sie sich aus. Und das ist wahrscheinlich das Beste, was Frauen tun können.

Samuel Beckett

Sie sagte sich: Mit ihm schlafen, ja – aber nur keine Intimität.

Karl Kraus

Sex und Lust gehören den Frauen, wir Männer spüren oft nicht einmal, was damit gemeint ist.

Federico Fellini

Frauen sind wie Übersetzungen: Die schönen sind nicht treu, und die treuen sind nicht schön:
Die Untreue der Frauen

Es gibt Frauen, die sind so treu, dass sie jedes Mal Gewissensbisse haben, wenn sie ihren Mann betrügen.
Guy de Maupassant

Zum Gentleman gehört auch die Fähigkeit, sich mit Würde betrügen zu lassen.
Alec Guinness

Was wird eine leidenschaftliche Frau nicht alles wagen, wenn sie einmal gemerkt hat, dass ihr Mann einen festen Schlaf hat?
Honoré de Balzac

Eine Frau ist imstande, drei Männern gleichzeitig treu zu sein und dabei das Gefühl echter Loyalität zu haben.
Sacha Guitry

Wenn ein Mann dir die Frau stiehlt, gibt es keine bessere Rache, als sie ihm zu überlassen.
Sacha Guitry

Mancher Mann knöpft seiner Frau am Morgen das Kleid falsch zu, und abends stimmen die Knöpfe trotzdem.
Mario Adorf

Manche Männer erwarten die Untreue ihrer Frau mit der gleichen Spannung, mit der sie im Zirkus den Absturz eines Seiltänzers erwarten.
Henry Miller

Man kann eine Frau wohl in flagranti ertappen, aber sie wird noch immer Zeit genug haben, es in Abrede zu stellen.
Karl Kraus

Ein kluges Weib macht ihren Freund auch zum Freund ihres Mannes.
Karl Julius Weber

Die Frau, die sich ertappen lässt, verdient ihr Schicksal.
Honoré de Balzac

Wenn dich eine Frau betrügt, wird sie dir immer nachtragen, dass sie es deinetwegen nicht schon früher tun konnte.
Kornel Makuszyński

Viele Ehen brauchen die Untreue, damit sie Bestand haben.
Alexander Comfort

Eine untreue Frau, von welcher der Betroffene weiß, dass sie es ist, ist nur untreu: Wenn er sie für treu hält, ist sie falsch.
Jean de la Bruyère

Es geht nichts über die Treue einer Frau, die in allen Lagen an der Überzeugung festhält, dass sie ihren Mann nicht betrüge.
Karl Kraus

Da die Frauen nicht mehr treu sein wollen, braucht man sie gar nicht erst zu heiraten.
Sylvester Stallone

Frauen sind wie Übersetzungen: Die schönen sind nicht treu, und die treuen sind nicht schön.
George Bernard Shaw

Ein verheirateter Mann darf zwei oder drei Affären haben:
Die Seitensprünge des Mannes

Jeder Mann, der sich sein Leben lang mit einer Frau begnügt, wäre jenseits der Naturgesetze, wie jemand, der sich ausschließlich von Salat ernährt.

Guy de Maupassant

Ein Weib glaubt gern an ihres Mannes Unschuld.

Heinrich von Kleist

Der Mann tut durch Untreue seiner Frau ein Unrecht, die Frau, indem sie untreu ist, dem Mann einen Schimpf. Die Frau eines untreuen Mannes bedauert man; über den Mann einer untreuen Frau spottet man.

Franz Grillparzer

Nach dem Seitensprung fängt eine Beziehung erst an.

Mario Adorf

Die kluge und ihrer Vorzüge sichere Frau sieht dem Geliebten die Untreue nach, damit er zu ihr zurückkehren kann. Denn die Wohllust des Siegens liegt nicht so sehr im Triumph über den Besiegten als vielmehr im Triumph über die Rivalen.

Karl Heinrich Waggerl

Treue Ehemänner sind alle furchtbar langweilig. Die ungetreuen werden affektiert.

Oscar Wilde

Treue ist meist nur noch die zur Moral erstarrte Liebe von gestern.

Hans Lohberger

Ist Don Juan traurig? Das ist nicht wahrscheinlich. … Wenn er eine Frau verlässt, so tut er das absolut nicht, weil er sie nicht mehr begehrt. Eine schöne Frau ist immer begehrenswert. Aber er begehrt eine andere, und das ist – wahrlich – nicht dasselbe.

Albert Camus

Es gibt einen metaphysischen Beweis dafür, dass die Untreue der Frauen schwerer zu nehmen ist als die der Männer. Wenn ich mir eine Untreue zuschulden kommen ließe, könnte ich sie mir ohne Weiteres verzeihen. Dir nie.

Arthur Schnitzler

Ich kenne einen Kollegen, der nach zwanzigjähriger Ehe immer noch ein romantischer und aufmerksamer Liebhaber ist. Wehe, wenn ihm seine Frau auf die Schliche kommt.

Robert Lembke

Ein verheirateter Mann darf zwei oder drei Affären haben. Aber drei sind das absolute Maximum – sonst fängt er an zu betrügen.

Yves Montand

Leichte Mädchen heißen deshalb so, weil sie uns Männer finanziell erleichtern: **Frauen und die käufliche Liebe**

Entfernt man die Prostitution aus den menschlichen Angelegenheiten, so werden alle Dinge mit Wollust befleckt.

Augustinus

Alle Frauen sind Prostituierte, außer unserer Mutter und der Frau, die wir im Augenblick lieben.

Pitigrilli

Früher ließ ich meine Mätressen eine auf die andere folgen, so schnell ich nur konnte, fand jedoch, dass man auf diese Weise viel Zeit verliert. Jetzt beginne ich ein neues Verhältnis, bevor das letzte zu Ende ist, und habe bereits ein drittes im Auge.

Jan Potocki

Jene Mädchen, welche allein ihrem Jugendreize die Versorgung fürs ganze Leben verdanken wollen und deren Schlauheit die gewitzten Mütter noch soufflieren, wollen ganz dasselbe wie die Hetären, nur dass sie klüger und unehrlicher als diese sind.

Friedrich Nietzsche

Das Callgirl hat die Mätresse ersetzt, weil die Männer, die für ihre Frauen keine Zeit haben, nun auch für ihre Geliebte keine Zeit mehr haben.

Hans Habe

Die meisten Sexbomben enden als Blindgänger.

Gabriel Laub

Die Karriere mancher Schauspielerin hat mit der bedeutenden Rolle begonnen, die sie im Leben des Regisseurs spielte.

Gabriel Laub

Aus der Mätresse eines Mannes lässt sich viel auf den Mann schließen, man sieht in ihr seine Schwachheiten und seine Träume.
Georg Christoph Lichtenberg

Viele Ehemänner sichern sich auf lange Zeit die Liebe ihrer Frau dadurch, dass sie sich zwei Monate nach der Hochzeit eine kleine Mätresse zulegen. Man nötigt die Ehefrau dadurch, immer nur an den einen Mann zu denken, und die Verbindung wird auf diese Weise unzerreißbar.
Stendhal

Wir heiraten, um legitime Kinder und eine treue Hüterin des Hauses zu bekommen; wir halten uns Konkubinen zu unserer täglichen Bedienung, aber wir suchen die Hetären wegen der Freuden der Liebe auf.
Demosthenes

Manche Ehefrauen betreiben Prostitution mit nur einem Freier.
Fritz P. Rinnhofer

Leichte Mädchen heißen deshalb so, weil sie uns Männer finanziell erleichtern.
Fritz P. Rinnhofer

„Das schwächere Geschlecht ist das stärkere wegen der Schwäche des stärkeren für das schwächere." GRETA GARBO

Kurt-J. Heering
SO SIND MÄNNER
Fiese Sprüche über das
starke Geschlecht
208 Seiten
ISBN 978-3-404-60801-0

Männer machen es Frauen oft nicht leicht – doch die wissen sich zu wehren und zwar mit spitzer Zunge und scharfen Sprüchen. Hier finden Sie die schönsten Sprüche von groß(artig)en Frauen über die Macken der Männer und die speziellen Eigenarten ihrer Geschlechtsgenossinnen – erbarmungslos treffsicher und gnadenlos witzig.

„Männer sind nicht immer, was sie scheinen, allerdings selten etwas Besseres." KÖNIGIN VICTORIA

Bastei Lübbe

Liebesspiel in der Gefahrenzone

Felix Fröhlich / Helene Nova
DER HÖHEPUNKT KOMMT
VOR DEM FALL
Die peinlichsten
Sex-Unfälle
192 Seiten
ISBN 978-3-404-60761-7

Passt man nur kurz nicht auf, geschehen die verrücktesten Dinge. Vor allem beim Sex. So hat ein Pärchen, das im Auto zugange war, die Handbremse nicht angezogen und schwups, knallt der Wagen durch die Glasfront eines Fastfood-Restaurants. Doch auch zu Hause ist man nicht sicher, zumindest dann nicht, wenn dort der eifersüchtige Kater der Geliebten lauert …

Geschichten von Sex-Unfällen gehören zu den ganz großen Mythen der Gegenwart und das nicht ohne Grund, denn sie sind einfach irre lustig. Helene Nova und Felix Fröhlich haben die peinlichsten und absurdesten Begebenheiten aus dem Bett gesammelt. Oder dem Garten. Oder der Küche. Oder …

Bastei Lübbe

Nüchtern betrachtet war es besoffen besser

Volker Keidel
BIERQUÄLEREI
Zum Feiern zu alt,
zum Sterben zu jung
208 Seiten
ISBN 978-3-404-60748-8

Wenn der „Morgen danach" mehrere Tage dauert, der Lieblingsfußballer viele Jahre jünger ist als man selbst und der Türsteher im Club „Jetzt kommen die schon zum Sterben her" murmelt, dann klopft das Alter an die Tür. Natürlich ist das Leben trotzdem noch fantastisch, schließlich hat man jetzt Familie. Da geht man bei Eiseskälte Weihnachtsbäume schlagen, zettelt Revolutionen bei IKEA an oder wird wegen eines Sprachfehlers des Sohns als Kinderschänder verhaftet. Und wenn man so gut erzählen kann wie Volker Keidel, ist es auch noch irre lustig.

Bastei Lübbe